第十二册　卷三十四

百工之事　且為與　　譽髦集　莊世驥

彼自戾其並耕之說可即其言以詰之矣夫天下之不可耕且為者獨百工焉哉彼陳相亦既自戾其說故即其言以詰之且天下挾必窮之說者初不待我之直窮其說直可使之自窮其說而并可借彼之說以轉窮其說何則彼既知彼與此之不能相兼又何解於上與下之不能相代迎其鋒以折之且即其言以詰之而彼之說已立窮而吾之說亦已不煩言而自解孟子因許行之不自為陶冶而笑其交易之不憚煩意固明知其不可耕且為也然由並耕之說推之則治天下者可以耕且為許子獨不可耕且為哉此其說固迫以必窮之勢矣然則陳相

將何以對哉使彼自知其說之難通而故為詭詞以求勝安知不又遁而之他然而不能也業已曲折之盡露勢不得支離其說以別開解免之端遂不覺自貢其恍不知與前言相刺謬使彼自覺其說之將竭而故為變計以求通安知不多方之自飾然而不能也亦既迫之以莫逃勢不得反覆其言以巧作藏身之固遂不免自負其說竟適如吾意之所欲言百工之事固不可耕且為此固孟子意中之言而不意竟出自陳相之口也且天下事之不可耕且為者獨百工焉乎哉天下惟理之一定即令其言善變而本旨遂移之下亦復自呈其隙而其說已不辨而自明天下惟勢之必然者縱令異說相淆而前後矛盾之餘不妨轉詰其情而其說已不攻而自破然則治天下獨可

耕且為與斯言也固迎其鋒以折之且即其言以詰之大抵善於之說者不必其說之自吾發也第迎彼之鋒以直折之俾知吾所云云者並非強爾之說以就吾夫固爾之自為發端也蓋彼曰不可耕且為此亦曰不可耕且為但順其辭以使之思而彼或可憬然省矣善於辨惑者不必其辨之過於煩也第就其言以轉詰之俾知吾之斷斷者並非堅執吾意以難爾亦由爾之自為發覆也蓋彼曰百工不可耕且為此亦曰治天下獨可耕且為祗如其說以還而質而彼亦可恍然悟矣不然使天下可並耕而治又何難百工之事之耕且為哉

落筆於無字句處謂之聽題集虛而後君其嗣音

百世以俟聖　人也

康熙庚子江南　華希閔

不惑者同于無疑一知之貫乎天人也夫後聖之難俟猶鬼神（大方）如乃不惑者一如無疑非天人交知何以能然哉且三者制作之（原評：一口吸盡，却絕不犯實）道原于天具于人而必折衷于聖人非但幽明不能隔而亦先後之一揆者也然而欲與聖人同符天人一貫而無一明先後間無一（語透宗又淨不騎墻）不內信于心則窮理之功隳君子本身徵民之道可考可建而（原評：以捉為補）並可質諸鬼神抑豈獨鬼神也夫天地一天道而鬼神效其靈三（六二一筆醒出首句）（手法）主修人紀而後聖宗其統均之百世不易者也君子即以所質者（旁評：句上與鬼神映合，方毅不得二句通文字）俟之又何惑乎惑與疑相因如其有惑也百世之遠之一知者與

恍惚之境將後聖與鬼神同歸于邈焉難期而所謂準今酌古者
安在而俟與質一理君子之俟之也百世之遠止此屈伸消息
之常將後聖與鬼神同有其□乎可信而所謂創制顯庸者益彰
前知云題中頭緒一齊奔
其不惑也猶之無疑也君子以能然哉曰道原于天具于人不
知字月出波心
赴
但三王天地不能外而鬼神後聖亦不能外者也君子知之參矣
務浮兩項原兼四項此獨分明
地固天也而効靈于天地者亦天君子自尊道以來造化在我矣
樂車書之制所以範圍乎天地者無非天則也夫鬼神即天地
旁評小比□□
分陰分陽之究理焉耳尚奚疑乎疑去而惑亦□矣三王固人也
以互為
句巧不礙理
而宗統于三王者亦人君子自尊道以來倫明物察矣文章斯郁

之垂所以曲成乎萬物者無非人極也夫後聖即三王所損所革之至理焉耳尚何惑乎不惑而無疑不足言不悖不悖又不足言

補華完密

若是者分而言之幽明同一天先後同一人君子祈天人之至

丁云此比正結知天知人

精於無疑不惑分屬于天人而不容混合而論之百世同此一百

看此有至理

此比將天人數

世亦同此天君子會天人于合一故知天知人參合同符于聖人而無可加此所以本身徵民之必要其極于百世以俟聖人也而寡民過者所以亦不獨在一世而在世世也歟

一講有振衰挈領之勢滿局豎通承上處側注鬼神陪起後聖以執筆為補華發于巧奪天工寫聖人句筆筆與鬼神以合五

本朝墨選讀編　中庸

發〻下處自不煩別作鑪錘。下截平還。故面末二小比。徼上
截處〻入妙。在此題凡推覩。止　本房加評
補軒大方。鈎連筋節。挽合熱融。老手闔屋之文如此。華太豫
原博學多文。司鐸涇縣。兩　剞車所刻儒先諸書。為世所珍。其
涇科墨選亦膾炙人口。至是科始受知于魏君孫先生。可謂不
朕其馳者矣。　堅山

百世以〻　華希〻

○○百官之富

汪宗師月課同安學一等第一名　莊光前　希迪

聖道之藏富也深、未可為不見者道也、夫夫子之富、豈易量乎、擬以百官、惟賜能知之、烏可為門外人道哉、且古今富有之業、至聖人之門而極盛、聖人以身立一世之極、即以身該萬理之全者也、崇高者天之爵、而統宗默運於無形、宰制者道之權、而會歸如徼於有象、神明之內、蘊蓄宏深、不出戶庭、而運世之模具焉、彼不得其門而入、不見者豈特宗廟之美哉、多能之詣、備之在躬、則六藝之包羅自廣、故聖人有全材、天下之材、皆其材、綜六藝之選、以品而判之、而疏附後先、爾室遂成功名之會、性命之藏、萃之一身、則

鴟○峙○鸞○停○

白○雲○穿○破○玲○瓏○

力○厚○思○沉○

內蘊之充周不窮故聖人有倫德天下之德皆其德集群聖之成
以統而率之而徵文考獻一堂遂定賢能之書此夫子之富也吾
以擬於百官而又烏乎見之百王相承之傳衍之為道法者廣之
即為治術事有包含千古之量群材無不供其驅策夫子以身繼

巧心濬發組織縝紛

往而與古為徒則百官皆三代之英也陳國典於九經而方策具
在文武之政有傳人敘王化於二南而左右承流周召諸臣皆就

蘊藉風流

列往哲之勳名收諸載籍遂式序而定在位之班則先民是程何
非百僚是試也人第以三百六十分紀贊襄之掌而不知夫子之
門固燦然官屬之大備已同堂樂育之徒存之為儒行者覼之卿

為卿材事關綱紀四方之大衆職無弗歸其統攝夫子以身開來
而舉世共宗則百官皆一時之彥也辨賢以試其績而禮樂兵農
古樸箋寫
五色組
悉屬帝王之名佐設科以廣其教而文學政事盡為性道之功臣
天下之英才得所依歸咸思服而効同心之諒則進退維命何非
股肱維人也人第以列五分三指為爵土之常而不知夫子之門
罔儼然官司之無曠已設官分職子未嘗親其事而當躬自裕經
綸之宰則耳目手足各如其聽命之司凡茲百官直以子為歸極
耳故綱維密握於中懷而冕旒可服以華人文華袞可褒以行爵
氣則行雲流水識則皎日光風
賞其權不能有一日其道可以存百年在賜則見而知之彼茫茫

着何判戴攝官承乏之賜亦久作是想幸從遊以附尊顯之光而奔
走趨承究難量高深之藴在百官中幾以賜爲具臣耳縱服勞亦（奇古）
時勤於夙夜而器堪有用第効一能達可從政僅分一職其志常（刻入一層語鬱劃義）
切於熟瞻其才無裨於亮弼在賜猶見而未盡知也彼昧昧者曷
數哉蓋功崇業廣運之遂獨統其全取多用宏窺之不能窮其際
維我夫子藏富深矣爲我謝叔孫曰子姑得其門而徐議門内事
未晚也
聖德難名借宗廟百官以喻之想見當日指點形容斷非言語
之科不辨富字徒用呆詮及鋪排百官濫話直是癡人說夢不

百官之富

江文宗月課惠安學一等二名廪　張敏求子遜

[illegible]攄德充之象、又其所不見者也、夫富若百官、何不可見之有、而無如其在數仞宮牆中也、是又安能為不入門者見乎、且人一行之著不足以云富有而充裕之至遂將與內美並呈為外觀之象知其[illegible]所見不及於彼者安能復有所見於此也不見其一端者之鼎錯得更端於其致也哉不得其門而入、其不見者、豈特宗廟之美并領、賜、復、於、其、美而都者得富象焉挹之而有暉吉即之而無搖寶雖美而餘無足觀也夫計內蘊而擴之多謂美在是焉謂不傲美而是焉其自蓄抑何奢乎表之而若有餘探之而實不足

夾美亦上上先盡也夫忽穷實而有光輝謂美而亓意亡懐焉謂美而吾意仍未慊焉其中淨而難盡乎由是以夫子之富其百官之富也而不入其門者又烏乎見之富與美分象而各不相掩洞藏有素呈其廣業見之若以為可美之必有合也茲以百官為徵而予蓋其多以百官與宗廟相擬為衛而了撫其全矣濟濟蹌蹌又（原評不外換出百官擬體御少今神寓扶皆到）明所錫與優游禮樂之地者互證之也而誰屬目其中哉緋細門不已耶富與美通形而兩有相濟閎中成象斑然在列見之者以為大美之有與焉也故以百官言富而說始從其詳以宗廟之百以言富而足以盛美而說益無所累矣惟同惟信賜尤樂與稱必

華美之觀者進推之也而時挹注靡遺乎正立墻而已耳然則賜幸其不叩我以莫予云覩乎追琢為圭璋之選裁成見擬相之器步七襄樽俎中原不落寞焉然而淡然相遭者亦猶是智效一官能效一職之約畧數也已然則賜又知其不予人以一挹而罄乎事功視二帝為賢德政等百王而上擬躋進退間孰窺閫奧與是以儼然莫睹者並難與語大道不器大德不官之有蘊蓄也已不得其門而入者之所不見復如此夫巍然在望者夫子之門也不入之者而以為門墻邇陿惟賜亦以為門墻過陿焉耳

原評：處處扣定上句，詮不見字神理獨全

百官之富　鄒祖頊

素王設百官非門以外之觀也、夫孔子春秋之素王也、而百官備焉、富矣哉夫子之門乎、其孰從而見之乎、且嘗登洙泗之堂而遍二三碩彥趨蹌上下、始未嘗不遽然驚、而繼又爽然自失矣、以為賜不敏、何圖躬逢盛遇乎、以是而知（撓合不費）夫子之門不獨美居天下之全、抑亦富備王朝之盛也、而奈之何其猶置身于局以外也、彼不得其門者、既不見宗廟之美矣、雖然、謂僅有其美已乎、如僅有其美也、則撫几筵而增彩者、對斑聯而減色、夫子之所有也僅矣、抑第不見其美已乎、如第不見其美也、則韞俎豆于內而藝然者過

薦紳于外而寂然夫子之所秘也亦希矣而抑知夫子若然雖不
必執論定淺官之權也而居恒贊帝以典彌千講明夫子富也（纖○狀○有○骸）
歟哉夫子之百官也而且優德行者有人優政事者有人聚三代
之英于一堂而學問文章胥出而為一人之翊贊叔季之世而能
有此乎彼虞廷建官而二十二人之屬相與師師而濟濟者偉哉（借虞○周襯筆自佳）
千古盛遇也夫子何多讓焉雖不必操位定淺祿之柄也而生乎
大則崇王小則黜霸非夫子百官也歟哉即夫子之富也而且從
攻者若而人出宰者若而人措不世之業于師儒而兵農禮樂並（纓○帶○銜○柳○富）
起而效一人之勵勵晚近之朝而克遇此乎彼周禮設官而三百（麗）

百官之富

歲入閩縣學一名　鄭景星

極擬富有之德、而取象於百官焉蓋富如百官、極其盛矣、于貢之取以為譬也、殆深見乎富有之富歟、且自虛靈一闢而充積極冠裳之會包羅盡見藻之輝此中境惟此中人領之矣故執之不必有其端覘之若已周其數大聖人之盛德固非徘徊戶外者所能窺蘊蓄之宏也則不得其門而入焉第不見宗廟之美已哉一器數其燦陳矣圭瓚黃流式煥堂階之彩則向宗廟而駿奔者豈曰無人至琢金追恍然蒲穀鄒楨麟炳彌綸之府禮物其畢備矣山罍疏勺韋昭複補之九則望宗廟而肅雍者豈獨無徒桐萋簫嘯笵

珠光之奇現作海市蜃樓

若魚須竹象森嚴有密之致不有百官之富乎建官必統於所宗
而子則統之以心夫先天弗違以無思無為者相臣奏亮工之績
後天奉若以不行不疾者三公亦燮理之勳隱微之為地無幾而
凝旒端冕命宰執以宅揆則無為之象所存密也雖巍巍辭并乘
嘗固其論而禁人以窺測第有莫存中涉難呼循牆而走者亦以
黼黻之輝煌設官自各有所屬而子則屬之以神夫惟淵惟默以
順而應者百僚受股肱之寄至虛至靈以感而通者羣工效耳目
之才稟哲之効能何盡而不器不官勅羣工以賛襄則無形之形所
納廣也雖奕奕衣裳未嘗塞其途而絶人以瞻仰莫淵深莫盡斷

雖邈過門弗入者亦以劍佩之從容以人之望古遺集也見夫九官十二牧師師一堂安在不深其企慕與意聖神之綱維即以腹腎腸亦交出其轄佐之才以靖共于爾位所以修贊位育經其理於方寸而無憾彼水火工虞之分任來凡爲甚隆也夫誰知之以人之撫今追昔也弟見夫四友十亂濟濟同朝何往弟將其愛慕豈意幽獨之際儆即精神意氣亦各如其出入之詞以雍懈于風夜所以恭儆溫良諧其德以綏猷而式化彼兵農禮樂之後若不足以言盛也夫誰見之吾子大夫也不知夫子寧不知百官乎賜不敢爲門外人深責之也

稿張氏讀

雙鉤齊下筆力直透千重

論語

百姓足君　二句　　　王氏　陳作梅

國無不足之用藏諸民斯兩得之矣夫以足人者足己斯亦術之至便者也公慮年饑亦足百姓之孔亟非足君也乎哉嘗思豊歉不齊者其權操諸天取攜不盡者其本寄諸民民情者聖王之田也但使惠養而勤本計而裕其民爲三代以上之民斯其國爲百年不敝之國則區區之什一而賦誠不嫌於薄取矣公慮行徹夫徹之行非以若也足百姓也君莫不欲制國用而國用有源耕鑿即其源聖王在上不聞舍桑麻雞犬而別勤會計之書者無他百產流而元氣自固也君莫不欲致太平而太平無象盈阜即其象

盛治之世不聞因水旱陰陽而更議額外之征者無他比戶封而

精華自發也是特繼乎百姓足耳百姓足而君之不足孰與之哉

從來利不溥諸同則勢必至此盈而彼詘故官山府海止為一人

獨據之雖若百姓而足則固足矣吹豳飲蜡方將與同井通緩急

而顧為我君斯慨乎則散在閭閻不見多貴在天家不見少助

布帛菽粟之氣因有流通而不滯者此際之千倉萬箱皆君府

已從來蓄不滿其量則病必至外實而中虛故不洩金寒亦無亘

古不竭之理若百姓而足則真足矣持盈保泰大君既已哉冗貌

小民何忍缺正供乎則下未嘗多予非上未嘗少取下亦而豐

美斶澤之中則有醞釀而從溢者亦所之遺秉滯穗無非御庶也
是知政無所為救荒積貯之政以救荒也富歲而糴十千則鬻香
之氣畢達凶歲而餘三九則兵燹之患可消總惟不言有無不討
多寡而下有富民國亦無貧土操無盡之藏而取之如寄所發山
高乘馬之篇官無所為理財勸農之官以興則也大國而奏盈寧
治雖霸而非褊小國而曆富然勢雖弱而不亡總惟不貪為富不
素為寶而民慶屢豐君豈憂驟乏撰不闕之府而坐享其成何須
盬鐵兵車之論公亦行徹以裕民而已矣裕民即所以安國復何
必艱艱然以不足為慮也。

直隸房行書精華　論語下

功令行徹。娟對年飢。用應加賦。即此便是佳文、何必求高求奇也、殷會詹

實就上句抉出下句、更不必如价人作在典字上討巧。宏深肅括、彷彿陸宣公奏疏、紀曉嵐

而天下治　　周孔璧

紀帝世所由治，能為天下得人也。夫天下未易治也，而舜之世獨隆焉，不有五人，曷臻上理哉？嘗神遊帝世，而冀景象之依，明有足曠代而相感者矣。曰運會使然，抑亦人事耳。蓋自古有明聖而後可致昇平，後之論者細思昌期，以為千載而一時矣。而撥厥由來，惟舜有臣五人之故。夫五人（眼為下文際字伏根）周堯所有以治天下者也，自舜紹堯後，而堯之臣皆為舜有。爾日之天下何如乎？洪荒未遠，蕩蕩懷襄，久為經緯之宇矣。乃乾坤之靈秀毓而彌光，而（映才字）賢哲挺生，雖世值屯也，常且德命於五人之日，敉而日贊，草昧初開，蒸蒸區夏，漸近清

近科考卷挺秀

評語

平之覺矣故川岳之菁華鍾其特敵而英奇輩出辟君明神聖能
無藉於五人之汝翼而汝為而謂天下不自此治哉治莫大於天
地平成而十二州之黎元於茲託命夫洚洞為災之天下莫其少
蕩安恬也亦良難耳何幸而亮采有人飢溺也我除之下民不憂
其昏墊與刑也哉慎之讒說不虞其驚天下甚大悉受治於五
人之數藐也故虞書所載擊石來儀以繪時雍風動之休而舜
第垂裳而處其上治莫難於府事修和而五十載之勤、劬、惟、期底
績夫艱鮮未泰之天下聽其卒居危苦也所不忍耳何幸而熙載
有人水火分其任司空之命先於朕虞教養綠其官司徒之命不

兼作士五人相猶胥待治於首出之調劑也故虞絃可賡颺言拜手即以鳴解慍阜財之豫而舜且恭已以受其成然吾於是而知天（前截帶字意）下之沐浴於舜日者不啻鼓舞於堯天無論順則之民忘其知識（北從天下起處截清）即共驩苗鯀亦束手以俟聖世之驅除而不敢亂也溯遇合於中天大哉惟堯君哉惟舜恍置吾身於明良喜起之間矣且以知天（照下除字）下之謳歌於舜陛者一如熙皞於堯階無論海隅蒼生罔不率俾即草木鳥獸亦咸若以效聖治之光昌而不相害也稽鳳雲於帝世萬邦協和四方從欲殊深我懷於吁咈都俞之會矣蓋舜以一身終五帝之局非名世無以亮厥工故當日史彤鉅筆嘉乃休者

惟紘五臣卓卓於二十二人之上一堂萃三代之英在重華既以協於帝而當日天工人代凝其績者祗此五人落落於千有餘歲之前此天下之治治於舜亦治於五人五人周天下才也継此者其武王乎

神光四射

班香宋艷繚繞筆端豈鸚文貝錦所能學步

顧蕙種

而天下　周

而有時乎為養　　李天爵

養亦有時而重也，與為貧者有同情矣。蓋非為養則無時乎可為養矣，而亦有不然，不與為貧者有同情哉。若曰天下事亦何在可宗？我以為不然，而有時不得不然者，殆往往而是矣。故思孌季女，匪關饑渴，而式歌且舞，亦咏旨嘉詛。曰自我徂爾，非為食貧哉？蓋亦有不得不出于此者。娶妻非以為養，固也。論人道之始，則陰陽匹配，奇偶相承，夫婦原與而儀相肖，豈其結構而往，徒為口體之資？論人倫之大，則似續先祖，衍慶斯男，夫婦寔為先後所賴，豈其適為以從苐為甘旨之御？雖然，中饋之司，婦職所宜，使視夜乃鷄嗚有響入室而宜飲無聞將有曠厥職而不知者矣夫不曰無非無儀固惟酒食是議也哉故或奉酒漿于几筵或潔饔飧于朝夕不可謂非婦人所有事也而特非理之常也抑井臼之操婦道攸存使絲麻無在御之好而公事有蠶績之体且有失其道而不覺者矣夫不曰鹽鼓南訛必期同我婦子也哉故或興寐而靡室靡朝或黽勉而就深就淺不得謂非男子所必需也然而亦事之權也既以爲權矣非理之經矣領天下事容有不得不通之以權者是以斯饑無嘆有時資之也鮮鮑無虞有時藉之也雖雜佩贈遺忖我夫子固不以一餐畢乃事而式飲食以期偕老初何殊資饑

祿以自給者徒邀升斗於天朝既非其常矣屬事之偶矣然天下事容有不能不為其偶者故旨蓄御冬有時不廢也于盛于湘有時非輕也雖女子善懷亦各有行初非以一養告無黍而絜滫瀡以奉高堂又何異藉祿糈以養親者僅拜匪頒于王室是故占歸妹之文知愆期有待娣袂維良而讀內則之篇知棗栗脯脩維婦是問有時乎為養不與為貧而仕者可倒觀哉

用筆吞吐盡致故點綴處能化俗為雅當是解人

而有時乎　李

而有時乎為養　辛卯中式

江太宗師歲進　福州府學一名　何然

為養而娶，猶為貧而仕也。夫娶妻豈皆為養哉？然時亦有為養者，崇妻娶孰嘗謂人之養不同，大而天下，次而一國，降而一邑，一方，旁夫以一夫一妻養，則又細甚矣。自養而言，君公之貴也。宰夫視膳，尚思調燮之人，況側微之子，并臼身勤，能免代庖之慮？是故娶妻也，咏宴尔者有時；歌帷旅者有時也；友琴而友瑟者有時；式飲而式食者有時也。時幸而親存，及養雖王事靡盬，而綸鍰有人，則寢食安危不至曠斷。云之尔，將父將母之勞，或若得稍息焉。不幸而親不及養，要娶邦而祭獻有人，小倫之憂，慢然愾然之

贋　　食是議舉非舉儀

几如見如聞與誦讀言舉作

娶妻以爲養者與是有類於仕而爲貧者

汪太宗師原評

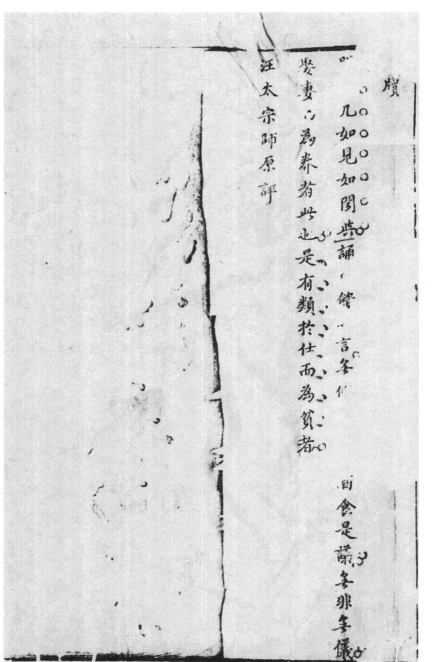

○○○而有時乎為養

汪太宗師歲進福州府學二名 林中桂

為養而娶特其偶也夫時而為養其與為貧而仕矣以異也然而未可以一概論矣且吾嘗讀堯典竊見夫有鰥在下之虞舜側陋未揚意必饔飧之計躬為親之及釐降二女而知帝之妻舜也非惟不必治田耕且不必治庖而舜當日或廼於此而始然乎乃吾以併娶妻之說正不若是夫周官問名從夫士之書升論秀也納徵納吉從夫士之業名拜命也旭旦以迎於冰泮質明以謁乎宗公從夫士之仕而出之戴星夙夜在公也使必人之娶妻而存一為養之見則古女之求何為不以聲友之不以葅醢托之

以鐘鼓樂之始以原□□於□□之上於是而曰其為恭也

特有吁而不得不出此也盖人名有能有不能并曰之謙非丈夫事

也爰是假媒氏以通之藉龜筮以卜之並曰憔悴可無越俎之代矣

且業各有精有不精唱隨之調非鬢眉事也爰是婦德婦言之是秉

者納之婦容婦功之可傳者聘之即曰非偶亦備中饋之選矣則

自有天地以來有男女而即有夫婦是無人而不有娶妻之時亦無

娶妻而不屬為恭之時所以古礼三十而娶特需以待之已耳如以

鋳螽而煩吶子何非偶然之事耶抑自有天地以來有夫婦而後有

父子是無時而不息於娶妻之処究無時而特廹於為恭之処所以

貞女十年不字亦靜以聽之已耳如以薰揚而寄小君母亦熏外之誅耶蓋亦妻之慘踰於失位好爵之靡等於好色吾得以正告天下曰有時為養而為貧之仕從可知矣

汪太守師原評

而有時　林

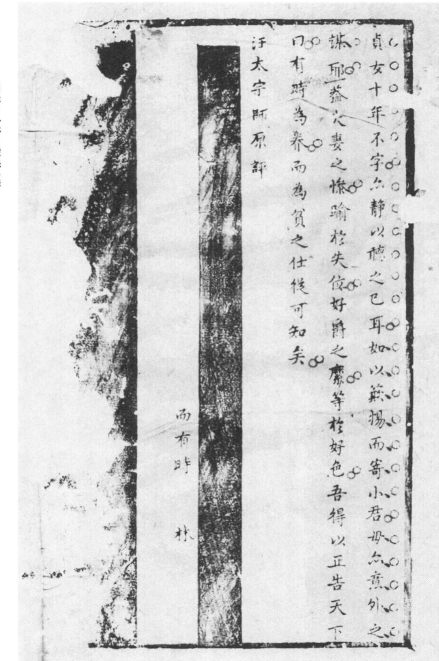

而有時乎爲養

郭金鑑

爲養而娶妻。非娶妻之常也。夫使爲養必不可娶妻。則待養者窮矣。豈知娶妻而爲養。亦時所或有乎。嘗聞女子之職。惟酒食是議。無父母詒罹。是婦人者。固中饋主也。由是而天下之求淑女而寤寐思之。鐘鼓樂之者。舉不計其婉孌之德。惟責其酒食之供而已。抑知夫娶妻之意。本非爲養耶。原六禮之成。而從我乎堂。從我乎庭。極反側之思。寧獨爲口腹之謀。然必絕爲養之說。彼夫如賓相敬。而饁耕于野者。何爲乎。抑原納女之稱。不以爲備酒漿。即以爲備灑埽。其百兩以迎。寧獨爲式穀之喜。應亦可通。彼夫有

齋季女而錡釜是尸者何為乎蘋蘩則牲魚薦菹也丁養也
固其所素嫺而弋鳧雁調甘旨娶妾而為養也亦時初或有以德
音而幸來括也或旨酒而飲庶幾或嘉殽而食庶幾則牢可共也
蚤可合也非養之始乎然此日之式歌且舞者壻之宴爾方新而
吹竹彈絲
此後之何有何無者婦之黽勉伊始也非然者春飲冬齋誰為之
調劑而適宜乎則娶妻者何不可為是而納采何不可為是而請
期也迎厥明而見舅姑也或特豚以章婦順或棗栗以成婦禮則
予婦可佐餕也卒食可餕餘也非養之事乎然問所欲而以敬進
婦固以奉其舅姑勤旨蓄而以御冬婦更將伺歡夫子也非然者

式飲式食誰為之謂和而中饋乎則娶妻者有時為是而迎止有時為北而盈門也然則娶妻其盡為養乎夫孌兮之季女亦望其令德來教耳使以一時之權宜而廢萬世之大禮將為先祖後為宗廟主者僅以供飲食而燕笑娶妻之謂何矣豈知娶妻而為養亦一時不得已之謀此亦猶嗟食貧而邀升斗者原非仕進之常經然則娶妻盡不為養乎夫君子之偕老亦歌其宜言飲酒耳倘似續既無可虞而饔飧莫能自給將二姓之好百世之謀至不得賴其分甘而絕少供養又安托乎故夫娶妻而為養亦一時容或有之情此亦猶念親老而望微禄者原非求仕、知娶妻

墨[illegible]錄題

非為養不可恍然知仕非為貧也乎。

文藻艷逸。粲若春葩。鳳翥寸楮中。肆筆而不加點竄。蔚然真

能奪三山之秀矣。原評

紛綸書卷。華而不靡。

而有時　郭

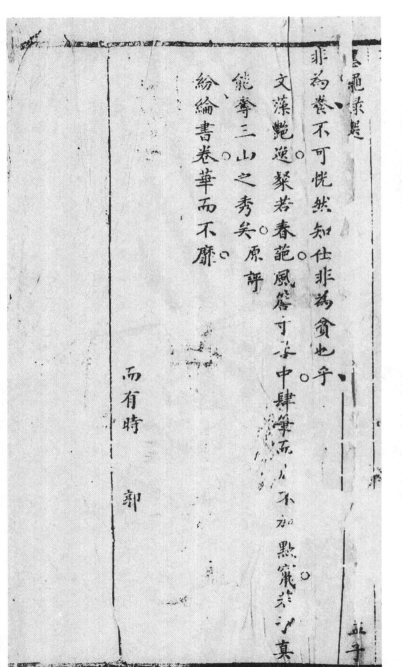

有時乎爲養　歲入閩縣學一名　郭金鑑

爲養而娶妻非娶妻之常也夫使爲養必不可娶妻則待養者窮矣豈知娶妻而爲養亦時所或有乎嘗聞女子之職唯酒食是議無父母詒罹是婦人者閫中饋主也由是而天下之求淑女而寤寐思之鍾鼓樂之者舉不計其婉孌之德惟責其酒食之供而已抑知夫娶妻之意本非爲養耶原六禮之成而俟我乎堂俟我乎庭極反側之思寧獨爲口腹之謀然必絕爲養之說彼夫如賓相敬不饁耕於野者何爲乎抑原納女之稱不以爲備酒漿即以爲帝其百兩以迎宜　爲式穀之喜轄非通娶妻之宜彼夫有

女而錡釜湜尸者為于則將泉牖並臨納妻之於養也
所素蠲而弋鳧雁調甘旨娶妻而為養也亦時所或有以德
音而章柔枯也或旨酒而飲廢樂或嘉殽而食廢幾則牢可共也
卺可合也非養之始乎然此日之式歌且舞者婿之宴爾方新而
此後之何有何無者婦之黽勉伊始也非然者春飲冬齊誰為之
調劑而適宜乎則娶妻者何不可為是而納采何不可為是而請
期也迨厥明而見舅姑也或特豚以章婦順或棗栗以成婦禮則
子婦可佐餕江苦食可餕餘也非養之事乎然聞所欲而以敬進
婦曰奉其舅姑吉薦而以御冬婦更將相欣夫子也非然者

飲之食誰為之言和而中節乎則娶妻者有時為是而迎之也有
時為是而強然也然則娶妻其盡為養乎夫孌兮之季女亦望其
令德來教耳使以一時之權宜而廢萬世之大禮將為先祖後為
宗廟主者僅以供飲食而燕笑娶妻之謂何矣豈知娶妻而為養
亦一時不得已之謀此亦猶嗟食貧而邀升斗者原非仕進之常
經然則娶妻盡不為養乎夫君子之偕老者亦歌其宜言飲酒耳倘
似續既無可虞而饔飧莫能自給將二姓之好百世之謀至不得
輟其分甘而絕少供養又安托乎故夫娶妻而為養亦一時容或
情此亦猶念親也 [illegible] 猶著原 仕之素志人如娶妻

續錄

總録

養不可恍然知什[illegible]乎

艷逸縈若春葩風蕩寸冪中肆筆而成不加點竄若子寡

三山之秀矣

而有時乎為養

歲入仙遊縣學一名 陳玉階

養亦為人所時有也為娶妻者籌及之焉夫養雖非娶妻專備之事亦娶妻者所時有也孟子故籌及之而為為貧者恭觀歟且丈夫志在四方使徒曰邀升斗之需已非所願而謂以一身口體之故謀及奉養之人哉抑知動與時遷聊寄志於微糈之俸而時因事重或資力於職內之同此大易家人之占亦以無攸遂在中饋為稱職者為是故弄吾以娶妻為養例貧仕夫娶妻非專為養也豈待問哉原人事之所內始則本於陰陽而位內位外遂為生人嗣續之源知不徒酒食是議供其職於日用之常原人道之所由

成則兆於奇偶而夫唱婦隨遂開百世瓜瓞之綿豈第以其膳昇司效其能於盤飧之給是則娶妻非為養也固也而亦有時而資之者亦知養生有具許同半菽之不飽而勢處其難在我或亦謝其羞則佐我肥甘者曰維婦之任供我孫順者曰維婦之責既不（正喻意夫寫倡好）使有終窶且貧之嘆致室人與交謫之嫌而惟是朝饔夕飧勿令貽譏於覆餗焉則可矣而供養之事出於一時之偶然者有之亦知治生有術非等囊橐之無餘而事同瑣屑在我或難親其故則承歡菽水婦其為我代之執爵進醴婦其為我奉之縱不得邀大烹鬻之滌致家庭休膏澤之惠而惟是晦明休息勿令誶誶於

閨閣則得矣而奉養之常出於一時之所藉者有之吾於是於為
養者而窺其心焉夙昔俟堂俟着且將以一姓而卜五世之昌寧
得以烹飪畀其婦功哉然娶妻雖不以養而着其能而正不妨於
養而著其則也彼閨雎之詩不廢烹芼之荇菜卷耳之什亦以致
酌於金罍亦曰婦人之所職者惟此耳而何不可於醮阼加冠之
有時者得好
餘蕉櫨而斃計之以為不時之需乎吾於是於為養者而擬其事
馬乎日如饑如渴且將以之于而嗣徽音之美寧得以并臼畢乃
婦德哉然娶妻雖不以一養而統其全而未始不以一養而約其要
綍染者色
也彼內則之篇首著盥櫛之儀文曲禮之章亦呈棗栗之訓誨亦

因宜集　芒　下二

曰婦人之所司者祇此耳而何必不於成人受室之後指事而行

籌之以為內助之功乎嗟乎婦道無成在飲食固其所主男子有

志而口體偏食於人蓋為貧而仕者亦如娶妻之有時為養也夫

神采飛動矯矯不羣寒腴味芳沉酣醲郁

而有時　李　陳

而有時乎為貧　　陳鶚薦

仕而為貧，仕之御人也。夫所遇之時不同，非為貧者亦為貧矣。尚亦仕之不得已耳。且天下事不可執一例以相繩也，何獨于仕者而不然？

截去上句補出

艱難之際，豪傑亦且通方；阻滯之餘，聖賢自能達變。亦往往而然也。

便別起家貧親老道與時違而

故夫仕非為貧者，仕之常也；為夫貧而可安者言之也。為而可安而又遇夫可以有為之時者言之也。士君子生當盛世，即窮居家食，朝夕猶得以養其親。吾儕小人，雖無人主之知，猶有天倫之樂也。况乎析產時會有期也。稽古之力，何所不致。無論親得嘗君之羹以與宗族黨，而貧非所患也。由是而有以自効於

負吾君下負吾學耳兩不有生不遇時河清無
筆跌入
俟之期而獨不不貧不自給高堂亦垂向之親者乎仁義可
飽而有時乎不能以餬口也聞譽施身而有時乎不能以蔽体也即
曰安貧自樂君子之常謂吾親何繼或動與時違不能遠求聞達為
所欲為以博顯親而揚名乃至不能邀升斗之糈以供子職即父母
亦安賴有此子乎此時也雖為貧而仕可矣蓋其勢有所不得已舉
凡平日傲然不屑之氣俱為貧消而反若出于肥家潤身之計知不
用古化
免為有志者之所鄙然而賢者固不可測也為親而屈雖得一官而
兩股只如一股
喜動顏色古可謂乎然其情終有所不恝士人雖無濟世籌畧以

止為貧故以至下同于降志辱身之亦異千古得志者之所為
以賢者時亦自嘲也美人不作彼衛碩人之錫爵公庭亦可慨乎若
（照註西墓公形妙佳出入經史）
是乎道之不行而徒區區為上倉之仕是亦君子之所恥也然而亦
正所以免恥也孰謂為貧者之遂無所宜耶

不甚雕斷而引筆行墨殊自快意纍纍　顏麋珮

揮毫灑翰頃刻青紅才氣大可畏也後二比風流吐納鶯鶯如春
空雲故是可人之態度

而有時　陳

小題二十集

而有時乎為養

附學院歲考取進
優遊縣學[redacted]名　莊先進　世陸

為養迫乎時猶貧而仕意也夫為養非娶妻者之本意也而有時乎為養不與仕之為貧者有同意哉且事有出于時之所偶然而非其心之所本然者婚媾之道可通其意于論秀書升之典夫易著乾坤禮垂伉儷授室者自有深意而滌脩中饋蘋司之際有迫我以不得自主者又寧謂願養無人而宴爾成婚竟無有為此而設卽吾謂仕有時乎為貧是可徵之于娶妻矣夫娶妻而非徒為養也明矣雁之鳴也雝雝鳩之應也關關明乎娶妻為萬世之始也雖謂禮於是鄉於是重三加者僅口實之是求而別無煩其遇

計一麟之趾也振振螽之羽也揖揖明乎娶妻爲萬福之原也然當
朝而饔夕而飧諧二姓者惟酒食之是議或者別有其權宜爲養
而娶豈非其時使之然乎業毋精於所習夫丈夫志在四方盤匜
之奉非惟其勢有所不暇即業亦有所弗精斯時而非有人焉以
理之雖欲攬轡從王効職馳驅而高堂之侍養者誰乎蘋縫裳之
女手代我毋之尸饔甸意以爲不啻與倖邀升斗者共白本志之
無他也夫固有時遂其嚮者矣華責務乎其大夫男子弧行立名
井臼之操非惟其情有所不屑即事亦有所難兼斯時而非有人
焉以佐之縱欲服古入官展其經綸而一身之饘養未誰乎資婉

孌之季女給匕箸之是供降格以為不啻與俾竊祿糈者共見初心之不屬也夫固有時處其難昔矣而吾於是為々養者之時惜後為々養者之時諒時事之推移也在委質安必不在結褵娶妻而僅為養殆亦時事廹之乎試思古之人百兩御百兩將其不以翁鶼煩之而以琴瑟友之者此意固明々有在也乃彼本非無心之作合而此反若有意以相從則今彼娶妻若轉而自思當亦不勝其太息々時勢之變易也在釋褐安必不在御輪娶妻而專為養殆亦時勢強之乎試思古之人九其儀十其儀十々不以薤醯托之而以鐘鼓樂之皆此意固隱々如繪也乃初未嘗不慕其風而已

不啻大反其志則即彼為養者代為尋究亦可共諒其苦衷爲養

非娶妻之常不可通為貧而仕意乎

志和音雅　原評

歲入興化府學一名 劉嵩

○○而有時乎為養

資乎養也亦有時而仕之為貧可想見焉夫養則養而曰有時乎為養娶妻者之初心正難沒也彼仕之為貧者不可借襯而得哉今夫人於日用飲食之間時窮則樂泌水於衡門時達則享大烹于朝右豈必俟以職之力始見順養之有時哉獨是饔飧之謀既難置口喻于勿事而盤匜之奉詎云含劑夕于弗需則轉念而見為我然者不必如初念而不盡然者矣吾因為貧而仕更為通于娶妻非為養之說是說也娶妻者之本意大都如是原乾坤之配合也大易首正于咸恒此以知夫唱婦隨古通乎兩儀奠位之道

詞書照精

諒不徒以酒酣無需急開閑而來婉孌之季女而論非儀之克泯也風詩先譏于酒食此以知朝饔夕飧亦本為家人日用之常[illegible]若欲以井臼親操呈百兩而逐彼美之淑姬故不必不養而亦不不其為養也未始為養而亦未始不籌及于養也殆有時乎為養云必謂侯堂授室之日即熟計夫甘旨之何以供雞豚之何以奉此意似覺其可緩而亦有時不得視為緩也弋鳧雁以言歸時凜乎雞鳴昧旦之思猶慮殺之在御時歷乎飲酒偕老之樂始信集林鶺鳥為祖宗廣似續之傳者亦未始不為晨昏承色笑之歡已不謂蘋蘩逕輸之時即遽賁以腆脩之必虔盤飧之晁具此意亦

而有時乎爲養（下孟） 劉嵩

似非象圖而亦有時不得不圖也蘩蘋可薦獨重季女之尸中饋是司早著家人之吉悠信琴瑟靜好為子孫慶麟振之衍若亦未始不為庭闈悅佐理之勤也已故有時窮而在下也其為養自若也魚不必有魴也而泌水資以樂飢庭不必有鯉也而河于可以不素雖摻厲初心未嘗必意其如是而原其所為即未許為養者所托詞亦無不可為養者所藉口有時而通之在上也其為養亦自若也鐘則有鳴也和羹若資以鹽梅鼎則有列也酒醴時需（对走意）子麴糵雖原其本意未嘗因此而成禮而廣其所為即不必盡出於實然而寧無出于或然彼夫為貧而仕者觀此不恍然可會哉

談情說理娓娓動人腹有詩書氣自華也

而有時

劉

而有時乎為養

阿李院歲入仙遊縣李華名　鄭捷鰲　清士

養亦時所或有可通於為貧之故矣夫人不能皆自養也娶妻者亦有時為此不可與為貧而仕者例觀哉嘗聞女子之職無攸遂在中饋則知养生之道不得不轉念以相商也夫婦以大端諫道不同謀食之細而衡其日用治家可方治国之模試為易一說而通之正不必謂酒食是議終無藉于内助之得人也已如為貧而仕既譬以娶妻非為养已有陰陽既判而夫婦之倫以與關雎與嘆于淑女與榛苓誌慕于美人共相感之情一也則揆其所重似不但以饔飧之務事我良人追奇偶相承而夫婦之道以起及笄

三𦍒軒試草

而委身于君子与夸古而委贄于大廷其相遭之會又均也而論其所司或不憚以井臼之供劳厥彼婦以言广养娶妻者亦時亦为乎此大烹其未從矣食貧居賤何来膳宰之官則进豆時陳非資闈闠無以为加餐祝也夫鼎簋日簋實之肯豈無有深于养者然而其任难旁貸矣井臼誰操而为之操者独切簠簋莫餙而为之餙者弥殷养正則吉者即敬戒無違斯亦娶妻有一時所不能已之謀焉耳家食以自井矣終窶且貧寠期庵人之治而嚴核時具非耤家宦何以为口实求也夫蒯侯堂侯著之義詎云是謂能养哉然而其責有專屬矣斗酒可藏为之以待其需特豚致饋为

之以佐其飲養道於此始者即婦功於此終是又娶妻者一將所不容釋之情焉耳事苟執一意以相繩則待之堅而將遁惟即娶妻者之本念而姑為之計大之而衍其傳小之而資其理三餐共無縻乎何容以叶靜好于琴瑟之餘盡無關于烹飪擷蘋蘩苟泥一途以相强則執之固而鮮通惟即娶妻者之初衷而曲為之諒遠之而安以綿近之而饌以治五飯其可猜乎烏得以敦偕隨于庭幃之內覺無與于膳羞其在未仕者之為養與則豆觴酒肉內則素嫻衆聚脯修宜家叶吉縱此後何有何無亦分井絕少要亦藉於同心之黽勉其為已仕者之為養與則窈窕好逑荇菜可採王

姬下嫁桃李借穠將他日式飲式食而嘉殽旨酒竆或外於之子之調羹乃知時有不同內相是資勿泥夫昌後燕詒之說矣不可廢思婁敎職亦若有行權達變之宜觀此是可為為貧而仕者一証矣

流動充滿暢所欲言　原評

而有時乎為養

阿李院歲進仙遊李第十二名蕭步春

養亦有必需之時、為貧者可以通其說矣、夫人固無時不為養也、而觀其為養而娶之時、不益信于為貧之說乎、且士君子得時而駕天家之資、于攸隆固嘗享大烹之養、過異于家食自耳者也、顧雖膏得食鼎、養已嘗乎君羹、而鳧雁有謀、內助亦需于季女、吾試即婦人之事而審其為养所資、何不可与為貧者比類而參觀也耶、如仕非為貧、伉之娶妻非为養已、然則人果盡無為養之時乎、假令养無資于娶之时、則第云衍嗣續已耳、而中饋攸司、大務可人之無貞吉之訓、抑使娶無因乎养之时、則第云無非儀已耳、而酒食

風詩何以

有無貽罹之詞是猶得曰無有為养之时乎一人亦知夫为养者之
所處何如哉伉儷既諧而後無論燕翌詒謀之計固係非輕即紡績
縫裳克勤其職薦蘋潔豆亦代为劳推而至於或舂或揄或簸或揉
何一非為養者时々所縈心繫念也哉故吾誠未敢料其何時之有
資于养也吾亦未敢謂其無時之有資于养也夫亦曰有时而然耳
其有时而不徒为养者鳴雞致謄弋雁来帰尚思雜佩以贈遺寧独
为养然哉而無如养固不吝已也孰使我弗躬弗親釜甑無烹飪之
煩乎孰使我式飲式食并曰無親操之苦乎蓋至是而知其有資于
養而不僅在养也有时乎若是耳为貧者夫亦可以比類而思矣其

有时而不暇为养者獨明而動至晦而休窮幸琴瑟之和調矣止一养已哉而無如养亦不可離也誰谓是婦德聿脩而釆酒遂可不釀乎誰謂是女紅素習而脱粟無事乎瀹乎盖至是而知其有賴乎养而非專在养也有时乎如此耳为貧者夫亦可以参覌而悟矣且夫仕固有有时而親不得养者誦北山之什朝夕從事有深悵夫湛樂飲酒者矣然而为养人人所必資也夫黍稷與嗟稻粱致慨仕当不得养之日而犹思归养寧庶人于得养之时而独谓其不资于养有是情乎况乎仕亦有有时而贫不能养者讀北门之章窶貧憂心有轉念夫室人交讁者矣然而为养人人所必

需也。夫懸磬與悲虛衆溉感仕貧不能養之日而尚期供養寧庶人于能養之時而必謂其無需于養有是理乎吾試即為貧者言仕矣。

文氣圓轉

而見孟子　復見孟子　　紅綺館　伯卢

見大賢若有誠心、可邀驗其復見焉、夫非見孟子、何以得陶淑善

究斯之說也、殆有　而復見、謂非誠於見賢乎、且十有大賢人

覲朝暉門而夕抹　數見以承其教者也、若乃望門投

幸得樓其芳徽、而　伈且更覲承其杖履、何聞所聞而去者

又見所見而來耶、　一領誌之、覺始則殷然而就道者、繼益皇

然以追維矣、世子小　楚而過宋哉、是豈欲復見昔日之良朋

而因之以過宋耶、然　公事也、過宋私事也、則為世子計、亦惟

奉此簡書、敬修舊好、復命於朝、即有攄述究辨、平日素所欲見

若亦必待自楚反而復見矣、乃當世子過宋之時、即孟子在宋之日

其過宋也非人之爲而見孟子之爲也且夫世子欲見孟子久矣當是時齊有孟嘗趙有平原楚有春申魏有信陵類能折節下士然其客有躡蹻而至者有彈鋏而來者有爲雞鳴狗盜以進者見於何有即或如適夷門而見侯生過大梁而見朱亥極枉駕學乎所見不過任俠者流豈若學宗孔子言稱堯舜之孟子爲世子所欲朝夕亟見以親其教誨者哉茲則奉命遄私尚賢在望世子能不駐征人之車駕而樂親有道之音容乎噫世子誠見孟子如此詩所謂彼姝者子何以告之者吾將爲孟子詠矣特是此一見也孟子以其求見之誠而與之道性善稱堯舜則世子奉孟子之教以至楚矣臨漢水而問津既恐滄水莫逢難復聆其訓誨向方城而命駕又恐轍迹靡定莫復覩其風規斯時爲世子者能不皇

皇然自計曰他日征車再至旅館重逢不識可繼此而得見乎雖
然人情於耳熟名矣則想慕於未　先者其情倍切而人情今
心懷細論則低徊於既見之後者其意彌殷宜世子之自楚返
見孟子矣夫世子承君命以臨　而好合使成不　貽羞問
越亦方將復命之不遑奚暇　乃回憶良
日傾心談論曾溯皇降之本　言歎並舉熟華　感熱曾
何時言猶在耳則一日三秋之感　子也　而何
請見之數數耶然則此一日也為　見也為
稱以復見　世子非聞　有此見　大孟
子早知其換　來也　而性　之光明

而助周人百畝而徹

助者　存真小鈔邵聲鋆

制更不同於徹者、可由徹而詳其制焉、夫助異於貢並異於徹、而其實究皆什一也、孟子以徹明徹、能不申言夫助乎、若曰、助法之行、去今數百年矣、則與貢同見為古者、何必由徹而溯其端哉、豈知助有由定、監夏即所以開周、助有可明、顧名當與為思、義前王即助而垂為制、後人即助而究其源、覺助法雖與夏俱湮、助統正可與徹並舉也、夏后氏五十而貢、而殷人增為七十、夫計夫受產、聖王助天地以生成、以民奉君、閭閻助朝廷以輸納、殷人於此將熟權夫貢而仍其初乎、抑參觀夫貢而革其舊乎、蓋自是而助行矣、秋助本屬特恩、然以君助民而助者有

窮以民助君而助者無窮也夫天下惟無窮者其制可大耳天
子待百姓如腹心小民奉君上以手足誰謂貴賤相隔必沿貢
以示尊崇鄉助亦彰美誼然以此國助彼國而助者有限以衆
人助一人而助者無限也夫天下惟無限者其制可久耳國家
不貪租税之利黎民不思祿穡之勤誰謂朝野相懸必準貢以
崇體統由是以觀助異於貢不且異於徹哉然其實則皆什一
也蓋先王親民之意其忠厚每與法制俱傳雖曰正供有經不
必概存乎蠲脹而以助足國即以助足民繼夏貢而溯厥規模
知可法不殊於徹也而盛朝定賦之經其精意實與章程並壽
雖曰成規難復徒深悵望於淩夷而助法以信而可憑斯助義
以實而可指因周徹而詳其義類知無徹不同於貢也則試以

徹而明周人百畝之迹則試由徹而考殷人七十之助家國之分不明自私即多自愛乃自有助者以示之而愛已著且以愛君也例以貢而爲辭益遜亦例以徹而立意彌寬知殷人自有斟酌於助者而隆規具在竊欲於湯盤殷輅而外溯厥由來上下之勢既隔知尊或不知親乃自有助者以定之而尊君者亦知親君也不敢以貢崇名分並不敢以徹驗民情知殷人自有昭示於助者而故典云遥竊欲於年湮世遠之餘要其究竟不然助法之古與夏貢同非周人之徹比也吾何必詳言夫助哉

法律謹嚴詞旨清澈

而非邦也者　慕天顏

深以為邦許賢者而反言以明之焉夫求之志在為邦此不俟諸而知也如曰非邦亦曷就是邦而審之哉閱攷列邦之綱壞未嘗不嘆封建之壞長矣鄉鄰統之系在繼纊之首曲沃非舊仍茲唐叔之遺屬去其實者猶存其名也豈有其實則是而其名則非耶吾為方六七十如五六十者思之謂是先王之建爾土乎錫璽圭璜而錫秬鬯黻衣伯叔甥舅之儔不得謂朝極是而蕭數則非也謂是先公之啟爾宇乎則備附庸而分茂族介在凡蔣邢茅之列更不得謂拆將是而裁將則非也故謂之為邦吾聞之矣疑以非

邦字起截上　要緊

於出非邦醒伏

宗出非字眼發揭然

暗承以見

對伐直將東器字歸勢嚴最是撤上上句

邦吾未之見也有邦而等于非邦者然侯太去歸于無歸是亦吾

國家

人之所傷矣若猶是疆埸之業業也則夫安行而君鄰有言曰縣

原邦字體出非字啟發從前知

邦之故疆都邑而聲賦有索同縣邦之故其是邦也豈其共為然

前蓋者

民之疆索而瓊珠焉向之山川者有非邦而等於邦者蔓草難

圖版鄭貢盛是亦吾黨之所懷矣若猶是都城之業業也則清廟

歌而駿奔有事同邦在則然湛露賦而聘享有時同邦在則然非

字體精伐安見　其出　殷之

是邦也豈其共為一干之帶礪而遂列于等也于田也者豈審乎

從邦字起處上以作法

邦之所由始則齊晉之變以數姓熊嬴之險以百二與不得自託

于先朝之制以今而存鄰衛疆不可謂非幸也求而及此者亦寡

下泉匪風之思耶若或非之是干先王之典以自侈也其謂之何
用觀乎邦之所自命則城數爲與國之私井虎外亦盟主之僭賞
俱不敢自恐于賓王之頒以彼而列在藩服寧得謂之僭也求而
忘此毋亦有大都偶國之憂耶若或非之是棄文武之訓以自私
也其謂之何安見方六七十如五六十而非邦也者

從邦字趕便不逮上求到安見便不隔上與踏風華神韵悠然

楊衡士

題脉承安見來自應倒我然篆上又須截下處處從邦字翻騰
倒煞非寄神脉極得文情駘宕頓挫生姿中比煞清也若二字

尤見手法　尤南吉

國朝制義存真集　論語　而　自得齋

而非邦也者　慕天顏

深以為邦許賢者而反言以明之焉夫求之志在為邦此不俟辨而知也而曰非邦亦易就是邦而需之閒攷列邦之蕭樂未嘗不與封建之澤長也邶鄘既亡未在變風之首油沃非譜仍蔵曹叔之遺蓋去其寔者猶存其名也豈有其寔則是而其名則非耶吾為方六七十如五六十者思之謂是先王之建爾土宇則疆涖墳而錫秬鬯侯然伯叔甥舅之儔不得謂躬桓是而蒲穀則非也謂是先公之啟處宇則伸附庸而分民族皆在凡蔣邢茅之列更不得謂讒僭君而祝將則非也故謂之為邦吾明之矣嫌以非邦少木之鼎也旨矣

引証俱是非邦說上向說

此等數惟撰此可以[illegible]香濃

制試小題英雅集

求[illegible]

而嗟乎非邦者杞梁大夫邾子無歸是亦昔人之所傷矣其執是璽

場之翼翼也則天災行而告糴有書曰維邦之故強鄰逼而嘗是之

家曰維邦之故非是邦也豈其共為姬氏之疆索而頡頏於尚甸之山

川也者有非邦而嗟乎邦者蔓草離圖棘聊寘盛是亦吾黨之所憫

矣若猶是都城之爽也則清廟歌而駿奔有事曰邦在則然湛露

賦而聘享有時曰邦在則然非是邦也豈其共為一王之帶礪而襟

發五等之上四也者蓋痛乎邦之介　　始則秦晉之壤以數圻熊羆

又是一樣非邦

之險以二百俱不得自託于先朝之制以今而存茲僻壤不可謂非

羋也求而及也而猶有下泉匪風之思邦如賦非也凡于先王之典

以取政以其謂之何且觀于邦之所自命列城數十與爲之私封濟

是一樣非邦

乎亦豈非之僭竊與不得自託于寶玉之頒以彼禹列在藩服寧忘

物之形而求而志地毋亦有大者猶在乂要耶如或非之是棄文武

之訓以自私也其謂之何與竊藏于故府吾將于是邦徵禮官懸錄

于太常吾將于是邦觀樂安見方六七十如五六十而非邦也者

而字從上二句轉下也者字從本句戲上從此本是相聯穩既知

邦哉斷界限自要恰好然而也者三字精身不得只有非邦而字

可以牆挪振頂文惟艳定此二字每此從此與章發論隨手消釋

其之法折合而也者抑注既不黏上文不脫上目具之妙

此等題千年俎豆後有作者誰與方鑣○此文意
拆字之法可知此法真是行文妙訣學者最[illegible]
徵停

而非邦也者

陝西武學使覆試 劉 泌
涇陽縣學一名

深明賢者之為邦固不得謂之非也夫求而非邦則必非無此六七十五六十者而後可而安得竟謂之非也哉且昔先王分茅胙土而邦之名于是乎定其非邦者固不得謂之邦寧有為邦而反不謂之邦者耶是必并無邦之實而後可斷以邦之名也乃今不已方六七十如五六十乎（連上）于疑求之非邦（即從非邦延說上）豈必大國強藩而後為邦耶夫大國強藩而後為邦則求誠不敢曰邦苟知求之為邦（先例上）是即一邑一旅而即可為邦也夫一成一旅而可為邦則求亦何必曰非邦然而求終不敢自命為邦者何也降其志以明謙若不欲遽自進于邦者泌斷

有民可足矣而何得曰非邦乃我即可信其爲邦者何也報其鐵于（又將非邦領狀）
三年已有不能自擅于邦者夫既礼樂可期矣而又何得曰非邦先
王之建邦也有公侯之邦有子男之邦列爵雖有大小之殊而分疆
初無彼此之異茲固猶在錫土之寄也而會盟朝聘之間將不得與
諸藩嗇乎吾未之見也無繡壤之相錯也有采邑之邦有附庸之邦莫（倒我上安見）
爾雖不奮彈冠而盟府猶不忘帶所茲固猶存分封之列也而王帛
干戈之會直將與縣鄙等乎吾未之見也而且曰非邦也僅此區區
之僻壤而何足爲邦而不知春秋所載雖鄰邑之雄人民之衆不大
皆邦也而且曰非邦也猶遜千里之雄風而何足爲邦而不知春秋新

而非邦也者（論語）　劉泌

編議論

載苟有地可書有爵可列固莫非邦也苟如魯之費鄭之京晉之曲

非邦三字歷落飛舞

沃非邦也紀之亡譚之滅江黄之取非邦也若夫邢徙夷儀衛徙楚丘許遷白羽已不得謂非邦也至于晉啟南陽秦開西雒楚盡諸姬亦不過謂之邦也然則邦之名非大都耦國之所能竊邦之實非小國式微之所能留邦之疆索非轉徙播遷之所能改邦之赴告亦非并吞蠶食之所能殄故有邦而仍命之爲邦也者吾見之有非邦而

新出也者二字不脫要見

終守其非邦也者吾見之有非邦而終不敢進而爲邦也者吾見之有邦而終不得黜之爲非邦也者吾見之方六七十如五六十而非邦也者吾未之見也

第十二冊　卷三十四

而後和之　人也

江南李宗師科　邢　會
入高淳一名

歌有不遽和之己若而文又不輕讓之人矣夫和必于反之後予倘不
以己善掩人善也若于文而謂其猶人夫豈有矜其善者哉嘗曰偽若
與世相接遇之己而有所恃者必其質之人而多所愧者也夫唯聖人
能合人己之善而應以無心故善之協于吟咏者不敢遽見其長而善
之數為詞章者不欲自形其短于此服聖心之虛而嘆聖量之大為不
可及也若夫子之與人歌而必使反若可誌已吾思夫子罔天下之善
歌者也訪樂而得萇弘之傳彈琴而有文王之見曲終而辭古人之圖
巧奪天孫
一時文章道德之士莫與京焉偏于聆音之下而遂詡然自矜曰歌之
善吾猶人也亦何難一唱三嘆遽與歌者相和而極節奏之詳及條理

之美也哉乃必和之于既反之後者何居」蓋調愈古者知愈希使一曲

亦得有默

方終漫曰予唱而予偕是以已之善猶人之善而以和之者彰之也惟

按節諧声既溯溯乎情文之兼備而後往復以矣其音焉與幾相引而

益深矣」抑曲弥高者和弥寡使雅奏未審漫云女歌而我答是以已之

善猶人之善而以和之者掩之也惟審音淪理既疊疊乎詞意之融洽

而後協律以揚其休焉與幾相觀而愈出矣」夫子之為人歌如此極其

與善之誠將見箾筦可揉工韓可詢古聖人懸鞀設鐸而人文化成之

風何以加絃無如龜山有操猗蘭致慨徒使聖人有宮墻弟子得而遊

奇論橫生如風舒雲如泉出峽

之聖人有俎豆弟子得而習之聖人有羽籥琴瑟弟子得而蹈舞之聖

人亦易象春秋弟子得而誦讀之謂人文秀傑之氣洵莫大乎聖人之

門也其于与人為善之意謂之何歟雖然善固不敢居而文則不容諉

也宜子一日若以文自任也謂登高作賦號曰通材人固[illegible]方[illegible]唱

和矣試思吾之所重者安在而第曰令譽洋洋已乎如曰[illegible]貴[illegible]洋洋

也將纂修弗懲于辭筆削不謹其責誅未敢以自遂已過物能[illegible]爾為

大雅人國樂以文相齊和矣試思吾之所亟者何如而第曰德音秩秩

已乎如曰德音之秩秩也將採風謠于列國訪柱史于老聃庶幾聊以

自居已文莫吾猶人也何子之于歌不以為猶人而處和之者獨至于

挽不費功

文而無復多讓也乎乃知吟咏之道通于神明乎之和之能与人善也

論說之間無関性術子之猶人也不嫌已長也

濃纖合度舒卷自如文至此進乎技矣 原評

上論

上諭

題義絶不相蒙○大都融成一片○才思迅發○逸趣横生○疑有風雲集其
腕下○

丙後和　邢

而貢殷人

揚華集　高鑾陞

貢行於夏可遞觀之殷人焉夫貢法之行夏實為之倡也若繼夏而有殷豈非為民事計哉嘗思納九州之秸秷禹貢著為成書初何異輯九有之共球殷家受自下國哉不知欲遺規於安邑特重輸將而稽制度於勝朝猶堪追溯則舉首定之主名不可不監於有夏亦不可不監於有殷已夫夏之授田何以止於五十哉意者作人未遍東南非若芒芒之殷土皆墊甫離巢窟未若生生之殷民故予僅五十畝一人以養天下即可合天下以奉一人而貢之制防焉菽粟亦尋常之物而獻之王朝直與銀鏤琅玕同其寶貴則知六府之修金非較重於穀也所以夏

先王之作司空艱鮮必既奏而後殷先世之作司徒敎導始可施也則貢之名隆而重穗秸亦賦稅之常而登之天府竟與織文璣組共其征輸則知九賦之斂食亦不後於衣也此即殷邦之烈祖未舍穡而誓師徒固猶夏氏之藩臣恒承命而供祖稅也則貢之例均而齊若是乎貢之創自夏也不可為後人效法哉吾觀自夏與殷而降尚有鄉遂用貢參之以酌其宜則當日綏服之内有常貢要荒之外無責貢不亦行之無弊歟設令傳啟嗣統以還土姓有錫悉尊用貢之規邑綸中興以後成旅有田悉守用貢之法又何至傳之履癸賤用物而貴異物致令有施貢以尤物遂殫百姓之財與瑤台而作瓊室乎亦惟貢法一隳夏德已昏而代夏作民主者遂轉而屬之殷人已陳祈禱而

桑林有詞聖主責躬深恤七年之旱則當年奠麗殷必有較夏為詳者況下土久念禹敷豈於九牧貢金之舊殷人轉不致其參稽如其奠麗維勤也三十王樂利之貽殷其庶可鑒夫道艱難而無逸有訓小民爰暨早知萬姓之依則昔日務農殷必有視夏尤切者況設都猶懷禹績豈於三邦底貢之名殷人轉怫思為遠紹如其務農是力也六百祀耕鑿之勤殷其殆可師夫聞之殷人之疆理天下也嘗曰非民罔使吾知其必以佚道使民矣故觀夏諺之歌曰吾何以助小正之記曰農服公田彼夏之貢亦同於殷之助否耶

而蔽於物物交物

歲入汀州府學九名 李雲倬

外物為所蔽也斯交之勢成焉夫人不能鑑乎物而反為物所蔽則耳目亦一物耳而蔽之者不進而交之乎盍嘗觀天下之物毋有乘吾之惛而入者不審其故而徒逐逐於身外之聲色則見我非物不見與為緣物非我亦不足與為緣也已如耳目之官不思則司聽者不能使耳之所交者常善也孰辨其為理而為欲司視者不能使交於目者常善也孰晰其為是而為非而忽而淫聲之物而蔽之忽而（拔下句物字）邪色之物而蔽之矣夫蔽之則必其能移我情也第耳目何情塊然一物衆所司者以役之祗見其聾瞶之形而已折蔽之又似有意而招

我也第物亦何心紛然在世觸以同者而入之遂錮其聰明之用而已斯時雖猶然一耳目也而亦居然一物矣凡物別而異之猶有合而必離之勢至別而異之者而統而同之則贈荅之情成焉凡物岐而二之尚有推而遠之之舉乃岐而二之者反合而一之則酬酢之形見焉于是蔽之者不進而交之于物亦適然者耳倏來而倏往究莫測於往來之何期耳目雖少蔽乎無難塞其徑以相拒乃有形之物有時而進吾前而無形之物常若懸於吾側則其交也遂以偶而漸來物其樊然者耳或去而或乘究莫禦其去乘之紛紜耳目爲所蔽乎遂開其竇以相親故一物之未覺乎情尚多未竟而連類而至

伏下句九字

語妙自題

分清

忽我緒轉而紛馳則其交也乃以牖而彌深物各有其歸而乘間投焉愁歸吾物外之身物原有所稟而耳迎目送轉稟命於身外之物（反對不能草率）嗟嗟聰明本所自有胡爲乎致物之物吾物也物既物吾物物斯令吾物乎而要皆自蔽於物始入胡不圖其克思者以正夫不思者乎（思與筆）上句能截下句能留成竹在胸節竦枝活亦如蕭協律十五竿畫

筆、

吳學院歲考南安學一等第九名 傅應時章士

而蔽於物物交物

物蔽而官以失、官失而物相緣矣、蓋能明物理者、乃無患物交也、無如官蔽於物矣、以官化物者可惻、以物交官者不可危乎。今以（高渾）庶類之紛紜也、號物有萬矣、要惟超萬物之上、而朗其宰斯可、萬物之中、而觸其緣、詎謂混以自處者、可輕與相偶乎、然而自處以混者、非形質所得棄、其疾而相與以偶者、遂為紛華所得乘、其隙也已、夫吾身所恃與外物相接者、非此耳目之官乎、無如不思矣、一物莫不散而為聲、聲本喧也、而亦若寂、非聲寂之也、謂有以辨其所喧、乃能揭其若寂也、無如物以聲聲、而官不知為何聲、低昂

試草

雖具不能入渾沌之竅而大振其聲物寔不聚而為形之至顯也
（沆○○雜）
而亦若隱非形隱之也謂顯有以窺其隱乃隱亦以秘所顯也無
知物以形之而官莫灼其何形邪正已殊不能出眄睞之用而術
懸其明噫蔽矣耳目皆蔽於物矣為風之穆為聲之濫日在聆受
之中不嘗以續而為充觀斯有赫觀斯可娛日用目睫之微何不
（至○理○妙○言）
能明而作哲而吾於是不能為耳目解也靈與頑本相懸而相乚
吾能濟其瑩則頑可孚靈吾旋圓其用則靈早適頑也今而蔽於
物矣有視同於無視有聽同於無聽是天下之至靈者為耳目矣
下之至頑者亦為耳目精理已捐僅存形氣之粗迹一動與靜幾兩

[illegible][illegible]二比根極理解

則而一致吾能澄其天則動而無動吾若紛以馳雖静而無静也

今曰蔽於物矣有視紛於所視有聽紛於所聽是天下之至静者

去耳目天下之至動者亦在耳目者持無權徒見萬感之謬逐而

謂蔽於物者不亦一物乎而謂蔽於物之物勿虞其交於物乎吾

不能守清虛而藏其宇紛紛者其能却乎然惟無物者乃不驚[illegible]

交字化省

於天下之物也若杜爾聰明遠紛爾應接則我與為往物與為[illegible]

往來無端而物與物已相長而難捐吾不能屏紛華而滌其局[illegible]

擾者其遠冥乎然惟察物者乃能制乎天下之物也若以蒙[illegible][illegible]

其中復以聲色眩其外則我若以類招物若以類應招應相[illegible][illegible]

物與物自來結而莫解嗚呼物蔽官官化物物與物其不湘引也

識卷一　而蔽於　傅

而謀動干　一節

江蘇學宗師歲試
南匯縣學三名　王學震

聖人於伐國者、因其憂而危言以警之也、夫顓臾在邦內耳、季氏憂在是、而謀伐之、豈知有大可憂者耶、予故危言以警之曰、世之役焉以啟釁者、動云外患可虞也（逆鋒而入）、而不知內患寔可懼、蓋肘腋之間、禍端叵測、而眛眛者稱兵境內、謂翦此朝食焉、厥殺無令子孫憂也、嗚呼、何利令智昏也（絲緊）、寔甚如既不能來、復不能守、而邦且分崩離析、其為季氏之可憂者何如、而且曰（而字醒）今日之顓臾非復分封之舊也、非復社稷之福也、圖而近乎費、一似剝膚之痛專在顓臾（悄）、而于是季氏之憂以甚、而于是季氏之謀以成、今夫禽臣之端也予羽之帥師、無駭之入極、漸不可長、識者憂之。彼季氏者、不思所社之與、妄攙三家之作、輒于凋庸之國、欲稱干戈以試、諸之亦知蹤與吳若魯之邦內耳、夫何憂意季氏之謀動干戈也、亦可謂（波瀾俱有致）不善用其憂矣。善用其憂者、當祿去政逮之日、變端猶隱而未露、而啓不悲寡者守其民、以不悲貧者守其地、則雖有他族窺伺處（東谷樂宕奇累峯以中權斟勝者）然而高枕亦自無憂也。不善用其憂者、值君弱臣強之會、危機已與于無形、而以委猗失公私之分、以猶懸乖上下之情、即近狀然謂亦足富強、而解鬬正多可憂也。今試思季氏之所憂者、果在顓臾乎、抑不在顓臾乎。吾蓋為季氏恐甚、何恐乎爾、恐季氏但知邦

內之可憂者在顓臾而不知一家之所憂者寔在蕭墻也夫禍亦
常中于忽微而知勇多困于所溺彼季氏之在魯既已伐莒自我
取卞句我僭妄之罪醜戎鷹階貪黷之威遂貫衆怨今日者陽瞞（惟此六字）（古悄若此）
啟矣間祀生矣東門之遂僑如之奔嚴于目睫而不知鑒猶欲與
師動衆馳驟于我疆我域之內而曰伐顓臾也嗚呼是豈知季氏
之憂有在此不在彼者乎由與求溥夫子久與顓臾之伐抑何謀
之不滅也（漫嘆）

清振宕折如歷神臯奥區別開靈秀　原評

遂字露出筋骨來山石犖确行微徑黃昏到中幅紅碧爛然才

能不愛戢衆。侯邦彥

戎狄是膺

採真集 任霈

有不得不膺者其人原難化也夫西方曰戎北方曰狄其人原不易化也雖欲不膺烏得而不膺乎且五方之位西北屬於秋冬此固肅殺閉藏之候也天非不欲雨露之常敷而物過盛則當殺聖非不欲德澤之常普而人强悍則當治化之不能繼之不可而王者征伐之功於是起不然用夏變夷變之而已而何必膺之乎吾嘗讀魯頌而知戎狄之不易化也當古公之世政教初修原無閒隙可乘之理而貪吾土地加我甲兵使豳土人民不克享納稼求桑之業此則戎狄之可膺者一已迨平王之時紀綱偶失稍有釁瑕初遺之機而利吾禍難入我郊圻使鎬

京宮室盡變為黍離麥秀之墟此則戎狄之可膺又一已魯頌之歌戎狄是膺信乎其當膺也戎之地屬乎西西戎即敘書紀之矣則懷柔似非無自也茲何以不用德而用威者蓋古初之世隨刊之德未忘雖魚鱉亦知感若何況於戎而教化無間不數傳而無木本水源之意矣於是因聖人之疏瀹轉爭中國之版圖逼處為虞不膺之而強禦無由定狄之地屬乎北奄受北國雅歌之矣則控馭似非無術也茲何以不用文而用武者蓋古昔之時僻陋之習未化與禽獸原無以異何憂乎狄而道路既通不數年而習車乘戰鬭之法矣於是因中原之教誨轉抗天子之兵威桀驁不靖不膺之而海宇無由安然而疆場之患猶淺也先王之禮樂原為萬世不敝之規而戎狄必起而壞之

舉凡堯舜禹稷契之樹藝明倫皆不足生其景仰而嚚然執其臆說與王道爭消長。纔膺夷狄正所以培風化也不然衣毛穴居之倫聽其自安食息耳而何必更申征討之條哉甲兵之害猶顯也先聖之仁義原為大中不易之理而戎狄必措而擊之舉凡孔子子貢有若曾子諸人之師友淵源皆不足深其嚮往而矯然挾其邪說與聖教為發難之端膺戎狄正所以閑道義也不然斷髮文身之國任其自安混濁耳而何必更多撻伐之功哉試再歌荊舒是懲之語周公之用夏變夷可想矣而子何覺學夫夷哉

戎狄是膺　膺之　伊樂堯

有不嫌極於膺者見夷夏之防甚嚴也夫膺戎狄懲荆舒皆周公之道也誠知不嫌於膺否夷夏之防不甚嚴哉且夷夏之防莫謹於春秋春秋者仲尼稟周公之舊章而修之者也顧仲尼無其權則筆削所加但取於王法之明而已是周公有其位則斧鉞所用必極於天誅之說而後安爲觀於詩與春秋相表裏而夷不干夏之防益凛乎其不可犯焉此其說吾得之魯頌夫頌閟宮頌僖公復周公之宇也復周公之宇必先行周公之道而周公之道莫急於兼夷故魯頌之旨亦歸於治夷嘗於其中得二語焉曰戎狄是膺荆舒是懲聖人容天下以仁凡夷式於

夏者待之未嘗不寬故江漢從風亟登其詩於二南所以誘而進之也而子孫以泮水繼其休魯用是有鴞音之革聖人正天下以義凡夷害於夏者拒之又未嘗不嚴故淮夷阻化亟致其討以三年所以歧而絕之也而子孫以宮車纂其烈魯用是有貝冑之威則此所膺所懲者是也且夫自魯當日言之但從於齊以伐楚且而詩言荊兼言舒者亦必清其黨也又先之以戎狄者亦必盡其類也六一言膺一言懲者主致討言曰膺據受創言曰懲互文以相明也總之皆以明夷之當膺也皆以明今之膺夷者固奉周公之道以從事也然則此詩雖非為周公作即以為周公膺夷之作可也其在唐虞則猶夏垂刑與其在商亳則撻伐振兵威至我周忠厚開基疑若於夷多假借而公方

且操之已蹙而不辭則為切指其所膺足見太祗侏儒之說不遇周公而幸逃異言異服之誅苟遇周公而必受學非順非之禍決不以任昧之樂可納於廟而頑嚚聾昧之性任其誣民惑世而不為防其先服事則遣南仲往城其後中興則命吉甫薄征至我公寬大立政疑若於夷多所優容而公方且除之務盡而不惜則為推明其所膺足見左道亂政之流周公存而刑暴詰姦罰固有所不貸周公歿而息邪距詖法亦於以永留初不因重譯之至可受其朝而聲明文物之隆聽其默奪潛移而不之遏予奈何不思變夷而反為夷所變哉

風骨峻健筆挾秋霜

成覵謂齊景公曰

彭舒英

以武臣而謂其君、大言必有足述者矣、夫景公柔儒主也豈足與言耶、然成覵則有不能已於謂者覵自大臣以道事君不可則止則有不當言而竟不言之　乃若其君之不能進乎道其臣猶甚君之闇乎道則雖其人亦以深入乎道而其言實已不遠乎道如成覵之謂齊景公是成覵者未知何許人其行事不少概見蓋矯矯自好者或曰本齊人而為武臣者也尚桓桓如虎如貔畐哉夫子殆亦矍鑠哉是翁矣然時值景公朝嬖倖任左阿保任右遊台柏寢之儔君所謂可臣亦曰可君所謂否臣亦曰否如琴瑟之專一誰能聽之嗚呼豈子不足與謀如梁邱據歟以覵視之直

似倪倪胎巾幗蓋雖衰然大冠若箕頬皆婦寺之徒耳尚何言哉
尚何言哉夫凡名人之著為論也必援古證今以歆其尚論之情
而從有以堅其向往之志庶得所言之有據也觀則以超超之概
目夸犬颿靡之朝勢將上下古今而一視直引為同類則其言必
賢甚也盜當年決酒牛山輒引窮年之痛涕零無娛行乖二姓之
歡役大從漁益皷皷乎無復少人之魄矣觀乃舊臂一呼切懶夫
不能令不受命之悶矣而默提其玩志是亦足以挽尸居之餘氣
不啻於當梁當中有以發其聲而啟其噴也此一謂也可為歎
哭著於斯可為流涕著於斯可為長嘆息著於斯此固舉撫劍疾
視之雄而直而陳之者也抑賢者之論其主也又必窮源探本以
深其責難之有據而明矣敷典之未忘庶非一人之私言也觀則

以烈烈之威力仲升高厚之域意且縱横宇内而位置不病夫崇
高則其言又激甚焉想當年齊牛戲孺雖溺愛而未免盡心細焉
在原貪愛物而幾忘喪志以游以嬉甚勉勉焉徒為溺人之嗟、之
覸乃揚眉吐氣直綜夫天道遠人道邇之切務而頻喔其　覸是
亦足回沮訊之與情而不會於盈廷唯諾中有以扶其衰而立其
備也此一謂也不患寡之敵衆者在茲不、　小之敵大者在茲不
患弱之敵强者恆在茲夫固本激昂慷　而慎而出之者乙
睥睨山一者情詞隆季孟之文而肯　若世化勇夫一
啟口而肇情俱壯即晏子一篇　辨而道之　補何
若此便便據論終對勸上　惟　之言

匡之

館課一名　莫啟賢

教有出於匡者繼勞來以正民心也夫民背乎倫而不正者固非勞來所能正之矣故更有匡之之教今夫人之生也本天之正理以成性本天之正氣以成形安有蹈於邪以待人之救正哉不知降衷有恒性愛乎正者弗納於邪而日用無常規悖乎規者或乖於正蹈於邪以害其正斯世幾無正經矣範以正而矯其邪斯民亦無邪慝矣然則教豈止勞與來哉今夫民之善宜勸者民之失亦宜防民之失宜防者民之趨先宜正上古民心淳蓋萬不至踰閑蕩檢頓遺中正之經然而流失之端即伏者緬規錯矩非民所得自防也整肅者民心端嚴者風俗何以

守彝訓於不從不忘中天民俗敎龐萬不至畔道離經別樹異端之幟然而端率之方難已耆崇正黜邪在上貴嚴其範也救我者五典示彼者周行何以遵道路於無偏無陂勞來而外不有所謂匡之者乎蓋古今無可背之倫常仁敬孝慈已立中庸之極則如農有畔正其界則越畔宜防如物有隄定其經則踰閑宜謹第恐習尚偏於風氣將良者或範圍不過蠢者或履蹈先乖而司徒有必端之化導或趨異尚貴偕中正之歸如匠有規約以規準繩是守如射有鵠正其鵠彀率同遵使非昭示早有成規將賢哲縱不習於邪庸愚或上干予迺以民之同逼為懷也告以邪僻之論必墮其中詔以正大之經偏馳於外則匡之似甚難惟其難而愈不得不端其志向矣匡以詩書而他歧

不足懲匡以軌物而奇行不必矜億萬姓彝教訓行直舉子臣
弟友之規而性命依然各正彼民也奇衺是尚久已舍正路而
弗由匡之者不嘗迷途之指也夫是以倫紀修而天下亦一匡
哉以民之轉移甚捷也語以隱怪之途有時雖喜新而厭故道
以彝倫之美有時亦慕義而從風則匡之爲甚易惟其易而愈
不可不正其楷模矣匡以端其性情而非心盡格匡以端其趨
步而前愆勿由良有司整飭維嚴直挽放僻邪侈之風而率履
於蕩不越彼民也慆淫自逞久已於屬德而鮮能匡之者不忘
糾繩之術也夫是以教化成而民亦胥匡以生哉然猶不止此

第十二冊　卷三十四

至

安徽劉宗師科入
休寧縣學十一名 金降

奉師命而至賢者情自殷也、盖非至其家則反見之意無以通於丈人也子路所以不能自已乎且吾黨從遊列邦或一至或再至恒不憚僕僕焉乃山林隱逸之士志不同道不合而苟機有可通亦有不能忘情於跋涉者當夫望幽居而庶止直不嘗來往之無期也如子之使子路反見也豈不以彼既蕭然物外自甘鋤跡耕耘諒難頓改初心謁旅人於即次既欲引為同舟相與繫懷利濟尚其言尋故道賦招隱於衡門斯時子路何如哉前此萍蹤猝遇而相如未深莫罄中懷之欵、至於今而其情良摯矣幸高風之

○井○义○門○句○拎○好○

入○脉○緊○

剔○清○

匪邈方切負蘭契漆之思前此庭户延賓而有懷未白雖總十亂之間、至於今而其機難失矣受師命而遄征敢辭越陌度阡之猝子路之至其能已乎南北東西之歷遍奚逢叩野老之扉然彼（文清縣邈）非絶世我顧絶人將纍時之歎接殷、者不且虞唴一語乎空谷（半籠下節却合說題緊旋）非遥而覺然抜凡所為以廊廟易其泉石以經綸擻其嘯歌者俱於此至卜之也此子路之難緩須臾者也齊陳楚蔡之周流奚事過滿人之宅然彼既有情我獨無意將斯世之極目滔、者夫誰（運化郭君章語）與為共挽乎伊人宛在而惠然肯來所為砭舉由之痌瘝揭伊只之襟期者俱於此至繫之也此子路之廹為趨赴者也幽棲恒屬

雲深故阻且右阻且長空勞上下以求索若丈人之室固子路所
熟悉也隴上往來之徑歷歷不忘而途非乍涉則艸廬造訪豈盡
蒹葭秋水之溯洄真味既已差池彼南山南北山北徒煩褰裳以
相從乃丈人之蹤固子路所難想也吾師接引之忱脉脉相契而
神與偕來則茅舍重臨直通世運升沉之消息豈謂桑麻如昨仍
瞻稚子之迎賓而謦欬難親早訝主人之避客印須甚嚴而先幾
掃跡至者其將何以為情也

筆饒秀韵語帶烟霞　朱觀宸

清机徐引調羽諧宮而屬屬照顧章旨文心尤極細密　龔炘書

小講反起正收恰如題位

此年至字前揣雖尚非正面

至　記事截下搭審題。整齊兼行法下搭寫法　戴汝楫

記賢者之至，皆以指之也。夫子路冒為乎至？以夫子反見之從也。（三家○言處者○引○入）其至也，非欲以指之。欲今夫耽烟霞之僻，而蓬蓽棲遲，斯固人跡（轉）（帅上）（反○指○至○字）罕至之地也矣。有隱勤懃○訪一而再焉者乎？乃萍水之踪，偏綢繆（點題）乎吾黨，而高賢之轍，復戾止于敝廬咫際之望，柴門而思叩者固（掉）（含○引○替）（領上）（援○聲○學○聯○丢○下○即○之）嫌乎數數也，而足音跫然矣。反見之使斯晤子路，目中未見之（跡○俱○唱）（喝○各見說）人意中不早係一丈人乎？甫承師命，而重尋故道，則雅懷頓觸，原（疊○落○重○字）（反○射○對○行）有亟欲至之情；況瞻衡宇而追念舊歡，則覿面既遥，又有殊紛（點）（七○飄○開○去○有○導○神）之想。雖然，至貴者莫于十畝之閒閒，而故以劍佩之容屢造函柄

二比仁在室之前摹想所謂烘法是也

摘寫至之景象情文並美

之室也哉夫至六洪越所謂阡陌前時之景色其悠悠莫釋者不知若何固結也謂至吾而庶幾可慰也將至之頃斷門抵戶知絕人世之塵囂要其欝欝欲置首下知若何纏綿也謂至焉而翀以寫心也乃所何而至矣至其野而黍油麥秀園無恙耶亦其家而雞鳴犬吠猶如故耶至其庭而兄先弟後復取讓于一堂耶迴思蒼烟暮靄下榻淹留永久之盤桓起于邂逅今茲故容重來從容笑語有蔽之前此而更親者詩曰既見君子不我遐棄其此之謂歟嗟乎山林枯槁之士大都絕物以鳴高如接輿之歌以諷溺之耦耕有心人下無可如何耳以文人丰裁甚古猶作世外之

周旋則跡雖涵而未深心匪石而可轉出潛離隱幡然汝圖來
非此一至假之緣也孰知室則邇而人已遠也乎（落下纏藉）
一至字耳窄遍極矣然至前有情至後有景紆折寫來反照多
江真正妙技
烟霞唐田遊巖隱箕山高宗幸嵩山親至其門遊巖野服出拜帝問之答曰臣所謂泉石膏肓烟霞痼疾者也棲遲
詩陳風衡門之下可以棲遲萍水王勃滕王閣序萍水相逢盡是他鄉之客敝廬文中子敝廬足以蔽風雨[illegible]
然莊子空谷之中聞人足音跫然而喜乃瞻衡宇見陶淵明歸去來辭覿面淮南子交而不親雖覿面而謂一不
面千畝開、交聞風覿劍佩家語子路初見夫子冠雄雞佩劍大冠雄雞冠佩劍縷縷深高激寫縷縷襟袖焉
見詩小雅黍油麥秀箕子麥秀歌麥秀漸漸兮禾黍油油兮彼狡童兮不與我和兮下榻漢陳蕃徐穉交另

設一綱至即下之去則斷斷永久 詩小雅以遯迹不期而會也
滕王閣序徐□□下陳蕃之榻 永永令久 詩卿風遺也
根枯槁離以村槁 詩鄘風我心匪 易乾封爻
遇枯槁沉溺之士 匪石石不可轉也 出潛離隱 潛龍勿用
文言龍德 室邇人遠見詩
而隱者也 鄭風

至

藏

至於身

鍾山書院楊山長 陶湘
會課一名

大賢亟言身有因物而特舉者焉夫身之與桐梓非其倫也乃孟子論養樹而至於身有特舉以悚之者且人為萬物之靈者莫木之無知而與沛類而數則天下之所不樂受也然言之不近情者及或事之多近理則觸人之諱而偶一及之正不必離其類以相觀耳一如拱把之桐梓生不生何與重輕而既欲生之則不可謂非愛物之仁養不養何關得失而既知養之則不可謂非觀物之智是則護其枝必不搖其本扶其幹必不傷其膚其於桐梓之身不亦害心矣哉雖然桐梓之有身易若人之有身之為重也論斷

夫之不特明身為不孝是身與桐梓自有相關之理而連身因不（奇想）

敵不重桐梓因作意本而迷末論萌芽之必妥則身爲物與毀身

與桐梓固有相及之機而重身因不忍不重桐梓豈盡隨行而倒（奇想）

截然而靈蠢有別矣人生有不朽之三皆借木之理以為喻戒夫

妥得順而擴之曰桐梓後曰身美惡有間矣犧尊比溝中之斷則（妙曰至于）

亂物之分且屬大昏夫妥得消而一之曰桐梓曰身曰人亦此身（說桐梓不曰身）

況倒以數典之不忘其祖則桐梓之所待養者正隸於身故離翁

木成蔭必指為某氏所手植也而謝不可為求原之論曰其身（新創奇千）

且準以觀禮之必從其潮則不獨桐梓之得其養者盡給於身哉

雖澤及草木猶屬斯人之餘緒也而胡不可為漸次之說曰先以身而無如人盡其身之精神竭其身之材力既合併以歸桐梓之一用直若木壽且滋專以博養樹之嘉名者苟舒桐梓而上之其才之所至烏能測耶故不憚因其所養而反降身于次焉然ゝ以（紀○讀○王○）相提一一用其身之精神一用其身之材力即從容以觀桐梓之能成ゝ並復若揠苗以長致同類宋人而竊笑者則易桐梓而處焉其（急○讀○要○）以之自鑒不較明耶故不惜即其所知而反卻身之萬為索ゝ以（項○上○讀○）（鑒○之○說○晚○明○後○生○）相告是雖身之少長林阿胥為若慣或亦獨夫林守之常而不能不感於回看應人之際即使身之婆娑樹下將老是間或亦未能

○○○○○歎○上○歎○皆○○○○○○○
總形之樂而不能不震於大聲疾呼之來則試因桐梓之養而[illegible]
之○、、、、、、、○曾亦思一至於身耶
誠上徵下關竅只至於二字空中攫拏前後都為震動而題氣
一絲不走辦香當在海陽

至於道子曰觚

鄭裕楨

以道望魯之由舊聖人因思夫器[illegible]以道治禮[illegible]以制完也一變至之魯由舊矣彼觚之為觚子能不更思其舊乎嘗[illegible]禮一書概嘆先王之創法也顯之[illegible]乎治邦家之[illegible]之即寓於制器尚象之中故振隆規於[illegible]乎[illegible]必不感心而考論度於今於遺名要歸遺器周禮界盡在當乎[illegible]修[illegible]變更者矣乎今人按一器而起循名責實之思乎[illegible]望[illegible]一變哉蓋後也想當時以多藝多材之聖而屬情國治即一名一[illegible]莫不有深意存焉況體國經野之謨無一非良法美意所寄乎雖

今日者姬姓之聲靈不振而宗祠□□則未墜循於前者爲法□
於後即爲道一變至之是誠有望於魯國首可□□
字畧先四射
即可以範草野之人心魯自君□□三分公室□分
苟能以孫子而繩祖武則東國千古□□難□西京之文物道而
以正治法於一時即可以示昧□下自權移政如五世□□
徵治法已不可問矣苟能率舊章以煥漸獻則後人之紹述何難
正物
復問國之規模道之至也能不有望於魯之一變哉今使我士
於豕離騑□□□□拱詎沃波下哉□□
撫稱多之權而不變民風將見治具聿新但□馨香昭其盛典章
□□然情
而舊鈕函玉版煥其光休哉先王之道於今爲烈矣奈何狝河□□

假若上古風徒令吾子觚瓜興嗟於不食負版式敬於民生而於
宗廟所藏方册所載不禁觸目興懷哉　然若非舍大而謀細
亦即細可以見大耳慨世道者能不嘆　觚而重忽哉觚則
德之衰繼則懲夫儀之忒而觚罔三質共獻此享儀之道所以設
酬觚也本恭敬之心而藉以將　而為隅之四已隱
然見薦獻之必飭國之小事載　職於版而觚則
下同書此抱道之士所以曾操觚
為規之圓而為矩之方已恍然示方正之堪欽
治詞即緣可以驗道乎而執知其有不觚也哉

業題

廿四

□藏寫道字能與其太下截附此二忘發揮。不枯瘦且聯也

處既分明而又融洽尤爲書筆兼全文疏集

精團氣聚絶無浪漫浮烟　張爾□

開講宏敞，融貫渾成。
鈎勒自然，氣度尤為宏整。

至於道子曰觚不觚

取進閩縣學第　名鄭頌周

聖人以至道望魯、而有感於物失其制者焉、夫道固宜守而不失
者也、奈何魯可至而不思變、竟有觚失為觚哉、且昔先王以道治
天下、將使聖子神孫、顧名思義、而守無忝於勿遺者也、故守典庠
法國雖弱、亦可復於隆而後實循名物準微不容更其舊、此有心
者所為幸古治之可期、而尤惜其制之莫覩、一齊變至魯而魯
之變何如哉、思昔元公開國、制作渾乎天地、度以精心、法則
詳明、初非不軌不紊、而等於率爾操觚之為者也、迄於今西京之
鐘鼓猶存、東國之衣裳如昨、誰謂魯必為齊也乎、如其一變也

五

宛轉關生
藻不乏抒

與下截妙
有關會

提得開展
跌動下截
作法特緊

樞機在手
規矩從心

道安歸道有即器而存者所謂無悟捲之毛澤是也誠使魯君遵規蹈矩則先公之法物皆可奉為儀型芹藻鑾旂遺風其未艾也將一轉移而皞王化之成道有即物而寓矣　謂守矩矱其高曾是也誠使魯君臣救敝補偏則汲府之成法□無誰於脩舉春秋易象禮法在宗邦矣將一弛張而下鄒隆之治蓋至道也可一變而幾不較齊為尤易哉且夫道原乎古不變茲獨以至期之者非謂變感時之與物而變此日之施為切悵今古制日非餼羊徒供物有名而亡其實林鐘可作□無實而矜其名此不有所範圍則凡大而人紀人綱小而一名一物其敝壞伊胡底乎以故正其

五

任在切魯立論語語典重名貴不獨以機法見長

縮上截道字渾成

黎青綫曰妙緒環生

數典之忘大路龍旂分物胎於奕世啓其率祖之念夏璜繁弱實器重以初頒圖不徒上崇禮教和闢刻桷而丹楹下凛官常無虞盜弓而竊玉也奈何哉不望道為[illegible]山轉令人觀物興懷不免有名是實非之感如不觚之觚者制器原以尚象則先人之為此觚也自有所謂觚之道者矣至於不觚以為圓而圓非象天以為方而方非象地蓋偶舉一器已覺離道之遠矣為[illegible]材竟自羅妄作之愆不遵其模範命名所以予義則後人本此觚也亦謂有為觚之道者若至於不觚欲徵其義寔同薛鼓之無文欲定其名幾等魯壺之莫辨盍隨持一物已有違消之非矣而孰為辨器

挽上輕便
一氣迴合

竟自昧相沿之失不飭其廉隅覩然此切如示脈之脈亦當絲
至道以無負此脈之名也夫下東山獨一脈哉

賦得書思對命　得書字五言八韻

命與思兼對頻數象笏書今心懷自矢我乃度寄侯贊直皋
謨擬揚貞虎拜如絲綸襄
黼座記注濡齋居執簡端行列嚮毫鎬立徐宣猷勸百爾蹌濟侍
丹除

李大宗師原評　筆酣墨飽氣足神完詩典切工雅

鳳池山長魏老夫子評　理周法密鎔鑄渾成尤能以卷軸充其

至於魯魯一變

丹徒　左均安

魯之未變者易至魯更當自變其俗矣夫魯之所以易至以齊
之一變一魯而變豈尚為可至之魯乎且昔元公開國軌度聿
新其見乎不可及者魯也其禮宗而不必移者亦魯也治迄後遞
棠非舊仰今者不在挾詐之邦則政治宜新改易者當在就衰之
國蓋既非魯不可及即安得守而不移也向使魯不自安其魯處
雖一變而魯依然開國之魯非猶是末流之魯則欲及乎魯是當
必於魯變之後更求一變而後魯可至矣然第以目前之魯觀則
魯非實有難至一量而齊儼然有可至之機觀其

克幡然變計豈下同䢖獸之夸風然鬭雞走狗之民既進而益
鼓辟靡之地則弊已去其太甚豈果度量之懸殊芹藻之澤未裒
雖未能曠然變更豈下等甫田之澆俗然甯毋葵邱之盛既昇而
談橐弓脫劍之風則效白可以相推豈果規模之難及蒸嘗不過
一變之齊耳其至之猶易也且魯猶非一變之魯也更何不可至
哉今夫齊至於魯者而魯之變也難抑有至於魯者之一
變也易時然而兵力不如齊生實一詘而主治不如齊魯當
衰微之後方且以人強我弱為包羞而海邦徐宅之區自讀
山高栗馬之書者以為連鄉軌里魯無是也蠶蛉魯盥魯日魯皐也

一至於魯者反在大國則魯將自高其位置矣此魯之難於一變也周禮猶在而魯遠過乎齊易象猶存而魯遠過於齊雖屬弱之餘或且以富國強兵為已甚而誦讀弦歌之事猶幸無急功急利之心者以為內寵外嬖魯□亂也踵貴履賤魯□求也一旦至於魯者即在霸國則魯將自知其分量矣此魯之易於一變也誠使君臣間早作夜思扶衰救弊三都墮而公室□家□出而權門息□不已翻然易轍乎而至於魯者奚啻□其爾牲爾扃之習抑使旦暮間幾邇見遠則古稱先在上者無失魚之舉在下者既饋馬之後魯不已渙然陵圖乎而至於魯者奚啻□其□

俟著之風然則曾苟不藏非特曾不敢要即至於曾者亦必至也亦至

乎吾甚有望於曾也吾益有望於至於曾者也

鈞挽緊密興會淋漓

至於魯魯一變

徐陶璋

魯可為齊所至而自變尤急矣夫春秋之魯非復周公之魯矣齊雖當至魯耶而魯不自變也可乎子若曰余生於魯而見魯之綱紀雖存威權不立當此之時寧有慕乎魯而襲其餘風者乎而魯（題面）（恰合）亦自安苟且不能振其積習良可歎也然苟有〻為者出焉遂魯者可以幾宗國之風為魯者可以易凋敝之勢余所為遠計焉而欣然也夫齊自太公受命以來與魯始封略同迄于今轉挾其雄長之勢彈壓魯國方以魯之弱小不克變易夫委靡之氣也而乃（摯下自然）謂一變之後與魯相先後焉安有不洒然思去哉然而論卜曰之

齊非至於魯不可非僅至於魯而亦不能頑者馴強者弱躁者靜
彬彬乎東魯之遺意也齊庶乎其可風矣夫建侯然字僑文物聲
名之處今豈猶是魯乎然而大體亦盡亡也則齊但如今日之魯
（髣髴○不○下○句）
而並驅兩脊之習有以洗滌焉而國不至于壞戾者和厲者溫詐
者信依依乎我魯之遺範也齊庶乎其有禮矣夫鷙旂茷藻有崇
儒重道之功今豈猶是魯乎然而大略差可覩也則齊但如今日
之魯而甫因嬗變之諸有以鮮免焉而俗不至于淫雖然齊而至
（通○一○句○真○妙）
魯設魯不變而竟等於齊也可乎哉且魯不思變設齊再變而較
勝於魯也更可乎哉故為魯計亦必出于一變而後可為改革之

學難為振興之變易今日者詩書存于學校可鼓篋而肄其業禮樂藏諸故府可按籍而訂其文就其所不大變者而修明之可也豈曰齊且則倣乎我也而漢不思變計乎為更新之變紆而難為由舊之變提而易今日者引斯民於尊親之化情可兼文奉九經於方策之中廢可復舉就其所不甚變者而張大之可也豈曰我可為法于齊也而并弊其一勞乎蓋齊不至魯則國氣日驕然至于春秋之魯至固可嘉至于周公之魯至尤可慕也魯不一變則國法不立然變其春秋之魯由此一變了為周公之魯即此一變也齊其不域于所至乎魯其快然於一變乎

藏針於線。無一處不合法。正復田展簡雅。頓挫風流杉。吉有學

妙絕時人。

才調之富。有波瀾之宏闊。皆非作者所得私也。不知何以經其

運用。如秦王獻俘太廟。先後鼓吹。踏鐵三萬。從來無此勝觀。陳

師洛

上下鈎連。有水乳交融之妙。而半神奕奕。儘可謀雪俗腸。華　馮大

盤盤困困。鈎心闘角用。而雅音逸韻。更極情文之勝。殆合華亭臨

川為一手矣。顧景炎

黄子厈

至於魯魯一變

梁學源

魯之未變者易至當為其不可至者矣夫魯僅為一變之齊則魯猶未變也何不可至者又何可竟為齊所至乎且吾周乘建諸侯其最親者莫如魯而其治之最近于周者亦莫如魯乎孫苟能守而不失殆夐乎其不可及也而何以今日之魯已非夐不可及之魯者然自安其為魯也向使不自安其為魯也則猶不失其開國之魯且已大改其末流之魯而豈僅為一變之齊所可至之魯也乎雖一公之國而親上之化不必遠勝于尚功然七年報政而微弱之徵亦猶稍愈于纂弒而豈予齊以易至者乎乃以目前之魯觀之則實有予

齊以易至之勢且實有乎齊以可至之幾雖賢覲之遺未嘗止足以

（評：示諸上句於魯作無□即）

杜其尚功好利之心芹藻之風未衰止足以移其富國強兵之術即

（爲下句地步）

麵蒙黽繹禮讓相先亦僅可以挽從獸之夸風即易象春秋與□備

（評：齊帶上文轉便）

在亦僅足以去南冈之流俗則魯不過儼然一變之齊耳而何不可

（注云變然即從下[illegible]）

至則魯猶非鄗然一變之魯也而更何不可至哉自有至乎魯

（句中卻出魯一變來新警之極）

魯之一變也難矣嘗積衰之後或反有慕乎齊方以地不若鄉邦滕

海之雄利不若魚鹽蜃蛤之夥兵不若連鄉軌里之強乃一旦而至

（好論）

于魯若反在泱泱表海之邦則魯將自處于無以復加之勢而不思

奮然改圖其即魯之難變若機耳然惟有至于魯若而魯之一變視

易矣當守禮之餘特其歲過于齊方自謂朝不聞內寵外嬖之階市不聞踊貴屨賤之刺野不聞冰紈織作之後乃一旦而至于魯者即此奇衺夸詐之國則魯將自惧其猶非遠勝之略而不禁翻然易計（惟方誠先生有此筆古）其又即魯之易變者機耶且魯之一變初無事于更張也（節定上句）即齊之所至者而振作之而魯已可至而不可至矣亦無煩于變置也（汪云應中閒二股）所至者而奮興之而至者特啟魯非今魯矣誠能一變魯將訪其人（汪云從魯一安中倒提至于魯句波瀾闊甚發端細甚）亡政息之規而僅襲其舊者能興拜思夫親賢之遺訓誠能一變魯將更其澤宮茂草之象而僅蹤其衰者能勿更進于泮藻之遺風惟有此一變而海邦徐宅將不徒爰其禮讓之依然而至于魯者宜第

新鐫鼎小題文選　論語　至于魯

改其弱杜而肩之習雖有此一變而請樂觀書將不徒歎其共利之
不墮而至于魯者豈第免其勞心忉怛之變然則魯為一變非特魯
（江云直懸起處）
不安其為魯即至于魯者亦豈能安其為魯哉獨惜夫魯以相忘為
國而不能一變也轉惜夫魯以猶秉周禮而深欲一變也且不齊與
齊相推相讓觀望而不敢先變也還不齊與齊相效相尤困然
（江云刻底召魯作主紐合兩句）
甘獨變也吾不知魯將一變而亟自遠乎至于魯者耶抑不知魯將
猶幸無至于魯者而竟不一變耶吾甚有望于魯之一變也且并有
望于至于道者之不止一變也

通篇以魯作主擒定兩句題位起處即為次句地步落下自家

周折中間說魯之變即從至魯句翻出上下黏連一片後幅層層迴抱起伏頓跌更有層巒疊嶂之勢此題前幅須倒找齊一變句方好落出魯一變來但恐不善用筆未免生多少葛藤且脫頓自齊一變出起文于找處仍以魯作主更能隨勢赴下累不停頓一筆作者得手全在此處學者當細心玩之　汪武曹

知此文乃謂才大如海心細如髮其作法之精仍武曹太兄評語盡之

至于魯　三　梁

至於魯魯一變　鄭廷鉞

以至於今者望齊而魯又不可不變矣夫魯似齊所不肖也然齊變俾至於魯焉則由齊以驗魯不又深望其一變乎且魯之弱久論者謂魯之不克自振焉不知以國勢論則齊雄於魯以國事言則魯勝於齊正唯其勝於齊而齊不能不企而及亦唯其勝於齊而魯不可不反而思奈何以弱小自安而不思一鼓其情神耶吾有念於齊之一變夫齊之兵甲曰强非魯所能比齊之富饒獨著非魯所能尚使魯而不一變其相形之風且將北面事齊矣然有齊變而反至魯而吾乃謂至於魯者故在於近

起說分明下句反面側面正面緊起思精律事集

羣雅集　搭題

效而在於遠功去功利之舊習而崇禮讓之遺風變之若所當一新氣象焉有能改絃更張安見無棣穆陵不可追盛於閟宮泮水至不在於紛更而在於從善棄奢詐之陰謀而崇忠信之實德之甚所當一改規模焉有能因勢利導亟見臨淄即墨不可企美於鳧繹龜蒙其亟於魯也吾非深有幸於齊之變乎雖然吾豈特有望乎爾乎夫魯以懿親而列屏藩之職稱宗國亦稱望國焉乃補綴待至一有然無痕大珠小珠落玉吾觀乘之采藻付禮義之風以視渙堂倏守之紛一變[illegible]識重刑威之政以視從狼從壯之非一變矣且也鴟集以林鳥振於庠序教育之典以視雄狐敝笱之羞又一變矣君子觀魯之勝

於齊亦宜不歡齊可黜而魯不可黜也齊可貶而魯不可貶也齊可以法魯之政而魯不可以效齊之政也雖然魯猶不能無望其一變矣七百四十之提封苟克守鴻飛之遺澤魯亦何讓於何政權替當局不復日積於因循也則比諸至魯之齊反不若其富強矣信義猶存而振興無自在吾魯豈可無勵精圖治之神承十二公之遺烈苟能遵狼跋之休風則必望於魯奈何運會既衰秉政者竟自安於削弱也則較諸至魯之齊反不如其鐵大矣敬恭未泯而奮發難期在吾魯豈可無救弊補偏之策要之國勢相殊焉可至於齊固以更張為急典型尚在而宜於魯亦以

羣雅集　醒題

卅

羣雅作　搭題

振作而先追覩言之至慈而知魯又不可不變矣

運矩從心彈丸脫手花蘇身

機局圓緊詞意精湛陳少欽

至於魯魯　蔣遜

一至於魯

蔣遜

無爲齊人所必至聖人望魯之心益切矣夫春秋之魯已非昔日之魯矣然齊猶必變而始至也望齊由亦重有望於魯耳且論治

宗至爲接文排一折

而必設一境焉謂此所處之境實彼所未到之境也則其境似較勝矣然謂此所處之境實彼所能到之境也則其境仍難恃矣以較勝之勢第難恃之心而其境遂令人重槪焉而不无意于爲魯人何先望齊之變與蓋齊國輕魯弱魯而不欲效魯者也夫魯豈一非昔日之魯矣然以齊視之猶非一變不至是乎可能[illegible]督俗鮮

滄鸕可巢而魯庭已僭然而風影猶存我何如[illegible]從[illegible]誠[illegible]卑

霸政之考將士樹桀而依若之習可以變爭持綱柯登郅之
呼可以變路寢而欸崇矣援々者誰思轉計哉難可介曾禮已
七馬可受而與鄭執振然而君如諜樂何如臣解賦詩也誠能斥
霸國之許將禦封土樹而張幃之笑可以變學咏集林而執里之
法可以變尼谿而見阻矣茫々者誰與敗圖哉能至於魯而齊困
依然一之矣獨惜僴之不屑變耳且入魯為齊弱久矣無論四分
之微亦執其盟九有之盛也無論三敗之辱孰與追九合之隆也而
且聊以東姑尤以西當縣甲天下即若晉若秦若楚皆不足抗
然而一之齊者既區々一魯也哉然而吾觀於僖而既欲舉魯以激

齊者古臣大齊而更欲進齊以翼魯則不禁重有念於魯焉觀魯
爲魯又訓官禮爲魯之書敬明爲魯之頌今即仗劍登一要盟歷
結齊侯之信而魯雖事齊究安能等魯乎七百里之挨封猶是
耳得不於魚門懸首蠶室合兵而後低徊念之觀書則魯最盛宗
盟則魯爲先請樂則魯維備今即搴旗遵路勤兵每遭齊國之後
而魯雖下齊齊卒而能及魯之十二公之世守依然耳得不於魯
載鑾旂歆淵路而鼓之餘鄭重期之夫魯非昔日之魯矣豈以至魯
望齊而反無所望於魯哉變而至道此予之深願也

以慧運詞勅前脈絡來歸自然　劉心蘋

羣雅集　擬題

一筆雜集　搭題
筆鋒犀利，手法未圓，宜淵恬

至則行矣子路曰

江有彰

不克見其人矣若欲留其語焉夫子路之歸固不料丈人之已行也丈人行矣而子路能無言乎且天下之無情者避世之士而有心者用世之人二者迹相左而氣不相感也然嘗與沮溺未能見其人而言情而中懷欲白而思向其家而致語焉如夫子使子路反見悵不然子路借乘而與丈人邂逅而際識接膝而談心也惟幸故道可尋舊廬相識則積素良多何難使子路轉告于丈人乎前夕之殷勤既難愁置則今之繼見相得不更欲乎親耕緣想雲山者復轉出于雲山外也則殷紆共衷誼堪告語昨日之歡洽殊

覺多情則蹤之重來相見不倍親乎離違寄情遇輒者更難勝乎邁輒中止耶溯從子懷祇想門牆至則行矣夫人其真隙者哉吾想丈人之心原非過為無情之舉特以夫客重逢或以送耳之言來相勸然轉無以相應也故〃早行于未至之先而使欲見者難可想與鳳規而不得復親其矣貌而子路之心反添悵此無聊之使聆知奉命周旋原難避逃世之士追隨若黨而不厭竟在也特既至于已行之後則所欲見者雖不獲面晤其欵曲而繫戀難禁欲吐之心情于是丈人之蹤已杳而子路之心愈深丈人之情甚淡而子路之念益切〃欲黙〃而退而此之至也何為雖經綸之志

不能移彼泉石之勝而酣醉之情何以自釋也況前之遐何以能然而今之來何從涉然乎則瞻戶而後不禁嫌之甚欲遠漸欲寂寂而深則夫子使之至此何意雖黃虞之盛不能易其巢許之跡而復至之懷何可不明也況前之日何行人以可親今之日何絕人之大甚乎洲空堂佇立不覺撫之其有識斯時丈人雖已行也而子路安得無言乎嗟嗟往返徒勞歎高風之不可復識言詞空寄悵斯人之非吾徒吾故曰用世者有心避世者無情也

細膩風光幽思可掬　呂揚

溫雅精麗巾別見風趣玉茗先生少時所燮于情寄聲色作者

雅得其餘韵○餘堂

至則行　江

至則行矣　主意

呂葆中

記隱者之行有不得已者存也蓋孔子固非丈人之欲也而丈人又自度不能從孔子故不得已而為誠蹤之計耳不然驅車道路豈丈人之所樂者今夫山林之士或聞人主之重其名朝廷之高其誼則必有此幾之識番引身而去之此誠恐夫非意之及我也若乃一時之君子與之相遇於田野之間方將喜其邂逅之難訂其尋盟之雅掃室布席以待餘光可也乃嘗見斯人之所以避賢豪甚於其所以避君相此何以故即如子路之反也或告之曰子無往丈人隱者流也其倦於往來也久矣不稼不穡載馳載驅無乃重拂丈人之意乎

借避世人發論是取丈人心肝剖子

不是猶過此一段下面便好一路摇去

數段如千頃烟波一望無際

雖往必將不納。又有告之者曰：丈人望子如望歲焉，彼夫十畝之間誰可與語者，丈人之望子，宜其曳策以相迎也。又或者曰：往矣子勉之，丈人逸世之士耳，彼其于世也，不存其名於物也，不遺其跡，子烏知其不朝於衛門而夕於桀溺乎。而或者曰：子無過慮，一日不畊，丈人之田將蕪，一日不稼，丈人之田將棄，且丈人之所甚憚，驅車行道之士乎，丈人豈反身為之哉。于是而子路之意中，以為間桑也，下丈人必宛然在矣，隴畝之中，丈人必猶然存矣，子之命所欲致之丈人者，而何或為巽言以迎其機，或為直說以折其辯，是子路方在修辭之際，吾之意所欲自致於丈人者，又若何，或究其窮而使之無可容

善為則字作勢

行下就一齊託出極靈

惑闢其端而使之有可進是子路憂當摩厲之時一使其至而柔開之

下累宛然在也朧畝之中果猶然存也豈不一寫吾心之所欲出哉

以上敘述布置此下梭小○講意辨論大家○章

然而丈人則已行矣此誠無解於其行之故也蓋嘗進而原之而

知其畏吾夫子而不敢與之衡誠甚於畏一時之君與相而不欲與

方○說○得○丈○人○有○身○分

之適也何也一時之君相其才智皆出丈人下彼其視之若無見也

聽之若無聞也卒然加之若無所動於中也吾不為之絀矣必且為

說○得○聖○賢○更○有○身○分

之逃若聖門之高弟其學識皆在丈人上彼其見而有所愧也反而

有所難也與之晤言而爽然若有所失也吾不為之逃必且將為之

絀蓋欲自矜其說而其勢既有所不可伸欲遂悔其非而生平又有

卒木集　下論

○○○○○○○○○○○○○○○○○○○○應○破○題○作○結○○
所不能返由是展轉無聊而為是先行以滅跡此誠出於大不得已
○○○　○○○○○○○○○○
之懷耳而世猥云其行也不屑與言也其至則行也湘示以深也不
○○○○○○
亦過視丈人矣夫
丈人高風峻節人〻以為不可企及不意二千年後遭此酷吏摘
發乃知石門彌明固是昌黎自納破敗耳　原評
止一則字中幻出無數情思行徑作用面〻生動各有惝怳塵外
之致惟莊子史記有此神奇耳

至則行

至則行矣　時杞授

隱士有行虛賢者之至矣夫子路之至不意丈人之行也而丈人
之行若知子路之至也其斯以為隱乎且天生夫子而卒老於行
其行也不欲以隱自處也乃有甘心於隱而入山惟恐不深入林
惟恐不密者則雖等行也而與夫子之行適相左矣如子路奉夫
子命而反見丈人也豈不以向者之行幸而與丈人遇則今此之
行亦不難再與丈人遇哉所恨者一時不能即至耳是以當其未
至而子路之意中惟有一丈人即逆知夫子之意中亦惟有一丈
人且當其未至而子路之意中急欲得一夫子所欲見之丈人即

戀慕夫子之意中亦急欲得一子路所已見之丈人所恨者一時不能即至耳至則雖柔可再陳也二子可復見也荷蓧植杖之容依然如昨不勤不分之語款已相忘此一至也班荊道故非止傾蓋之緣也信宿流連非復萍蹤之合也子路與丈人不且相得歡悲而歎野人之貴介子路以求見我夫子乎乃未幾而子路至矣至則怯疑其猶未至也至則轉疑其前此之如未嘗至也至則雖至而一如其不至也至則雖至而幾無以自解于不至且惜其多此一至而不至猶愈于今日之至也何也丈人已行也昔何為栖止于斯茲何為杳不知其所之也昔何為久游于聚處于斯茲何

為名可得而聞，身不可得而見也。噫，行矣！如鴻之飛矣，如鵠之舉（剔上下矣字亦正）
矣，如龍之潛矣。丈人乎，丈人乎，其真隱者也。或曰：丈人不知子路
之至也，欲行則行，非有心也。或曰：丈人知子路之至也，不得不行，
故行亦實有心也。夫以為無心，何須行于子路之至；以為有心，又
何妨待子路之至，俟其有不入耳之言而後行乎？（結有含意）是二說者，吾皆
疑之。

全從則字矣字着想，不欲作點染鋪襯習語，故如淡掃蛾眉，不
施脂粉。張鐵思

有雲行水流之趣，讀之一洗塵氣。瞿幽穀

○○○至則行矣　　黃思軒

至者有招隱之思、行者則已寓辟世之心焉、夫子路之至為丈人而至也、丈人之行以子路而行也、兩相迎也、是以兩相左也、且古來惟隱遯之絕人最深、故知幾者未嘗不先幾、惟幽人之蹤跡偏殊、故辟世者尤深於辟人、若子路之反見丈人也、情知夫出處殊途、不顧以有心之士、仰見夫無心之人、然猶與其遭逢于再則焉、幾以意中之人、不至有意外之蹤、而孰意丈人竟杳然矣、短扉曲徑、依然處士之廬、而留賓之野老、不知何以無存、知犬桑麻、猶是昨宵之景、而揖客之高人、不知何以長往、異哉、子路之至丈人

（蘆○雋○）（秀○色○可○餐○）（清○高○如○畫○）（落○靈○變○）

之子路既至丈人行焉矣想其止宿殷勤之時其情若與人親者意已與人踈雞黍欵洽之頃其為禮甚深者其立心已甚遠故（慧眼）詰旦治裝子路行而丈人亦行門庭闃寂子路至而大人猶未至（寫妙）（寫心）夫丈人固農家者流必無輕去其鄉縱蕭然遠引當未必與耦耕（不遠）之沮溺結伴侶于三湘即飄爾長逝亦未必與狂歌之接輿共行（描寫則矣字如龍飛鳳）吟于道左獨是至者自至行者自行至者方恨行者之速行行者不計至者之徙至豈惟心不相合也抑且跡亦相違至者方欲至（舞不可捉摸）行者已先行至者不料其行而有是至行者遂知其至而有是行豈惟情不相關也抑且機若相避吁嗟乎楚蔡非僻絕之地而豈

知其潛踪匿跡已不復類傾蓋之機緣總見亦尋常之遭而豈知
敲金戛玉
雲散風流并不屢作當前之晤語若丈人者亦春秋一高隱哉

筆墨騰躍似欲化蛟龍而飛者　倪岌士

把至者一片婆心行者而隻冷眼輕輕對照頓覺皓鬚眉叟宛
是桃源徑路枉費漁人問津文心九曲機趣玲瓏茅鹿門所謂
飄飄欲仙者也

至則行

至則行矣

江蘇劉宗師歲覆
新陽縣學一名　陶澗

先幾以行、隱士之終於隱也、夫行者固料子路之必至也、而反見之、使已虛矣、斯所以為隱者哉、自古隱淪不返者、大祇見幾明決者也、明則人心動處、彼即動焉、決則人心係處、彼無係焉、以是知世內之士、與長往世外者、一見不獲再見、良有以也、夫子使子路反見丈人也、惟知其為隱者故也、隱者勸之出不肯出、寧勸之出招之來不屑來、寧招之來、夫子之待丈人、或意其再過而不即行未可知也、或意其必行而不再過、亦未可知也、子路以夫子之心為心、故重造其廬、又恐丈人未諒子心、故願覿其面、子路之料丈

（何等透脫）（題前後宕）（批定）

論語

人或意其再遇而不即行意中事也或意其必行而不再遇非意
多微妙干
着王燦　只復一華處句乃知照口　無
中事也雖然丈人何人乎固隱者也至則行矣青疇綠壤之區衡
綴生動
宇在望而臨乃徬徨者入其室樽榻空留一桑園竹蔭之宅耒笠衣
然而稚子迎賓者問來人倏焉避客野廬已屬雲深豈別有隔斷
翻騰別開生面
塵蹤之地于焉荷杖逍遙乃猝至遠舍週尋不啻南山南北山北
至者勿忙道路其能久為延佇乎有悵悅於徃返空勞焉爾歸來
不畏日午詣遂萌老謝田園之思頓爾棄家遠遊乃仍欲趨陌相
妙會
逐一若阻且長阻且右至者與扨斧馳驅嘗少爲遼遠纔乎惟咨嗟
入神
於機警太甚已耳一丈人而不行無以為丈人苟重惜子路之至而

隱跡觀止耶何不勉爾遁思乎借子路以最征故丈人之不得不行猶子路之不得不至也然在子路猶慰其未竟行也丈人而不行且未深知子路如逆料子路之至而掃室款詞亦不逆各言其志豈招子路從我隱故丈人以一行示我勿強予正曉守者以予毋強我也然使子路備恤其不早至也叩此隱者所以終於隱也夫子其何以為情也

翻意實此劇正得丈人本意然會

歸宿字遺三見而結此

于焦南浦作後別開奇境靈心妙腕變化不窮　原評

抱定路者逆取則字矣字全神相題獨具慧眼他手呆粘正面描摹只賦得桃花流水杳然夫也　吳在揚

細雨濕衣聞花落地華情輕倩不染塵氛高自[illegible]

至則行矣　葉淳

不復遇始遇之人行者在至者之先矣夫不行而何以為隱者哉然豈欲子路之至也及其至而但覺渺然遠耳且聖賢之出處不同其必一也夫吾黨之出也不必至而猶至故其至也似非事之已晚隱士之處也有可行則必行故其行也若知幾之獨先如子路之反見也果得見乎深山窮谷之中有偉人焉平日所慨于才難者正此人也而今而後與不復失也風雨晦明之夜有伊人焉平日所蘄于喁來者即此類也行　且止其更相遇也于是子路至焉至則寧其願見之也非徒見煙霞嘯傲之人見吾黨居匡坐時所共太息焦勞之

人也而此意且怦怦矣至則宜其即見之也非徒見雞黍綢繆之人

項正者前半

見吾師弟追隨奇所共慷慨澄清之人也而此情方勃勃然而丈

從上文落想法緊則字助折宕致

人行矣意丈人之留以宿也初不言避世之意乎隱者之志于斯也

于路不去丈人或不行也意子路之辭而行也或微露招隱之心乎

隱者之動于幾也丈人已行于路猶未至也聖賢悲憫之懷隨在而

意思極高

竊啟所至之處必須有以相追而使之不得不行唯其積誠已自光

入也然則豈其至之固遲乎山林伏處之念一徑而深故將行之時

史説得好

若早有以相待而聽其虛此一至恐夫開言正多難謝也獨是彼後

何處可行乎嗟夫君臣之義殆無所逃于天地之間也

評

後四股則意既發則字深上歎上層思甚曲吐言甚微覺得一至
一行彼此深㣲高致皆為之寫生

至則行　葉

至則行矣

科入僊遊縣學第二名 鄭金龍

情濃于至者行者淡之矣矣至者初不知其行而行者已逆料其至子路丈人濃與淡矣若耶且吾儒于隱逸大抵在無意有意間耳無意遇之或仍在隴畝中有意求之反轉出雲山外矣子路承命而反見丈人矣江河不返觸目已如斯矣丈人乃淵惟我獨清也此往願更一商也明王不作環觀固若此矣丈人循然渾土之賓也此來宜重與討也不意丈人之激不能婉也不意丈人之牢不可破也蓋子路至而丈人行矣以丈人之句可以行也而即行之則行非子路之所追也丈人自掾之也以子路之可以至也而即

聯絡然欲仙

敍下鄭清息于曠朗

飛動

取朗字二字法而跡遠

賓

論語

行之則行非丈人之所據也子路若廹之也自據之而一身之舉止與天為徒隱若之慮乎機也固非了路之所及料矣若廹之而一己之行藏惟人之故賢者之動于我也將毋為丈人之所早測乎休休乎行也吾此時耕南畝而可行矣吾彼時耕西疇而可行矣彼循徑東來應自不解其何故倜倜然行乎吾今日不之齊之蔡而可行矣吾明日不之陳之衛而可行矣若言旋去客能不轉盻而依稀呼嗟乎聞天子之廷猶通人之跡不謂碩人之澗推賢士之蹤至者乃為行者追斯行者自與至者左耳語云時行則行時止則止義各有當也而丈人頡以一行示知止意乎噫謬矣

第十二冊　卷三十五

此之謂大丈夫

聞之盛名之下其實難副始知有其實者方可當之而無愧而窮其

三字

似者不得亂其真也夫立身宇內人盡丈夫也而可法可傳者實鮮

蓋非其人不克居其名也而可不正其所謂哉孟子告景春以大丈

夫之實而曰此之謂大丈夫欲天下後世之識其真而不使儀衍

流竊其似也而說者曰人之稱大丈夫者吾知之矣利澤施于人名

聲招于時大丈夫之仁也冠冕以臨民清道以馳行大丈夫之禮也

坐于廟朝進退百官而決斷庶事大丈夫之義也似也而非大丈夫

之真也所謂大丈夫者即使環堵蕭然[illegible]兮獨樂而天地民物之量

自在也此之謂大丈夫之仁即使易衣而出并日而食而經緯萬端
（挺此之謂）
之制自裕也此之謂大丈夫之禮即使潛修閉户一事未授而範圍
天地曲成萬物之道自存也此之謂大丈夫之義夫然處常而得大
丈夫之所以守經者爲履變而得大丈夫之所以達權者爲偉哉丈
（大丈夫之真）
夫上不違天中不違心下不違人此之謂長民輔世之人歟卓哉人
夫地維賴以立天柱賴以尊民物賴以植此之謂守先待後之人歟
求之千古而詩書之內有其人焉一身而四代之禮樂備匡居而帝
王之功德全不得以其無大丈夫之位無大丈夫之時無大丈夫之
勢而謂其非也求之于今而鄒魯之間有其人焉幼學而裕誠正之

修於行而大治平之用正以其有大丈夫之仁有大丈夫之禮有大丈夫之義而可以信其是也孟子固戰國時之大丈夫也不謂周旋于齊梁滕薛之間而識之者蓋少景春不知乃艷稱妾婦于大丈夫之前而以巾幗亂冠裳也豈不謬哉

巍巍氣象恍然在目此之謂三字極其醒豁

此之謂大丈夫

正大丈夫之稱非說士所可託矣夫大丈夫之稱非苟焉已也正其所謂夫寧儀衍所可托欤且天下常人易知而非常之人不易知苟徂丁習尚而不靜念其所由來幾何不令非常之人淹沒于悠悠之口而其真不出也如由所居所立所行以至不淫不移不屈若此一一非有奕奕聲施驚斯人之耳目也觀人者其亦見為闊淡無奇者矣此又非有赫赫權藉駭斯人之聽覩也衡品者其亦鄙夷為迂疎寡用者矣而孰知大丈夫之謂正在此乎大丈夫受當世之隆稱祗守我生之正氣有如此之樹立弘深一任乎世故之變遷而確有以自生則先天下而完其固有者即胥、而告于獨隊于此尊而稱之為大丈夫不有當之而無愧者於　為舉世之所共推詆得吾心之所備是有如此之挾持遠大一任乎萬物之嘗試而不受其推移則為一代之全人者即為一代之偉人于世除而命之為大丈夫不有受之而無慚者歟今是人而在朝則輔仁道義進吾君于堯舜而一二功利之徒皆不得工為論說以惑人主之聽世道之月肯疾人譽之也今是人而在野則辯道論德範斯民于中正而一二豎儒之流皆不得倡為詭異以惑當世之趨人心之目古皆是人貽之也今而後于可曉然于大丈夫矣

氣骨遒練風神亦復秀逸自是佳文

此之謂自謙　二句

浙江李宗師科試
平湖縣學一名　馮錕

意以謙而無欺、審其幾者端在獨矣。夫不謙即為自欺、誠意者亦求所謂自謙焉可耳、而實與不實要於獨中判其幾、可不於此致謹哉。且吾學當致知之後、本有可快然自足之一境焉、而特患夫稍忽於幾微、遂無由大端其分量、意之不誠也、則辨之不早辨也。（軒露驗來）夫意要於寔、期盡量而後安、意肇於微、必力爭于其朔、求端用力、蓋有要之可握者焉。誠意在毋自欺、必也如惡惡臭、如好好色、若此乎。（略泥獨字、即字樣此之謂處神）此則其意之萌動於不容已者、早杜乎因循之見、而其意之竭盡而無少貸者、盡絕乎苟且之思、蓋必如此而後可暢然意滿矣乎莫快於所惡所好之克副其知而惡非不使加好非無以尚未快也寔其意之所發而因端竟委以達之則屏衆情以使一情之獨伸而內返毫無遺憾莫足於為惡為好之允蹈其知而惡不至掃除其迹好不至多取其精未足也充好惡以至盡而殫心畢（千錘百鍊語無枝葉）力以出之則默萬念以竟一念之專致而問心無復留餘此之謂自謙此之謂毋自欺也雖然君子之所以求自謙者豈徒競競焉（中權扼要題中肯守神與一一分）致力於衆著之地云爾哉今夫端以充而得愜惟果確者斯無難（明）哉初筆而中分謹幅機皆從所發吾意之謙與不謙要其後判以（兩界挨劃恰為妙守鈎魂）兩途而片念方萌此中早已隱區其界過此以往逝不及追也二一

意之寔與不寔溯其始止在幾希而云爲漸起此際寔爲分道之關勿謂何傷其失將長也君子曰此其幾在獨矣意作發於其（如上委地）猝則制防易跡而獨覺者要炯乎難昧也萌欲出而將岐勢已迸而難待不於此嚴辨其幾而欺之乘間竊發者一瞬息而即成蟠（慎獨須用知去慎）據之形君子謹之默提經寸之靈明以糾察於猝不及持之會杜根株于初伏乃無相繫之緣而求謙之功早從端倪甫露之間密提其要意始結于其隱隱故曖昧易生而獨喩者自介然有覺也（慎獨本兩下二節意在內）造端祗判於毫茫究竟全憑此消息不于茲力折其萌而欺之先入爲主者必儼頃而即有難拔之勢君子謹之時悚中懷之乾惕

以動幾於隱而未見之中絕萌蘖于方生乃無可滋之蔓而自謙之學即此眹兆甫呈之際早握其原要之自謙者不欺之寔既以知濟意即以意赴知有定識繼以定力恆心獨往乃以內省而不疚慎獨者誠意之要寔吾意以從知先本吾知以糾意爭畢生尤爭一息神明內蘊乃以自定於初基誠其意者可不知所從事乎

精粹可入活疏　更透一層

此之謂繳上所謂故慎獨句又轉入一層以起下二節玩註及或問層次不混文提要鈎元理精詞湛試藝似此故急望重雲樓龔欣書

此天之所與我者

吳學院歲考崑安學一等第九名廩孫克嶷

指天之所與、有與則皆與者也、夫與非出於天、庸有或與或未與者、若耳目也心也、謂非天之所與乎哉、且天之於人也甚矣哉、未嘗有所求而以一非為異、且未嘗有所求而已、一異即無所不異、是非天之於人有獨厚乎、不然何取之者若不貪、而授之者偏不吝也、思則得、不思則不得、異心于何而來乎、且與耳目皆于何而來乎、不有耳目、則聰明于何而寄、古來寧獨具此塊然之形氣、不有心思、則靈台于何而啟、古來疇無同然好德之秉彝、蓋有與我以耳目者、而寧特有與我以耳目者乎、抑有與我以耳目、而且與我以心者而誰則與我以耳目而誰與以心者乎豈非天哉豈非（然、然、即、神）天之所与我哉使有弗與而何所視也使有弗與而何所聽也且使有弗與而何視不輕視聽不輕聽早已於無形無聲之中默授（心灵手敏有如列子御）其至靈至靈有如此者苟有弗與而何視無弗明也苟有弗與而何聽無弗聰也且苟有弗與而何耳不能思目不能思而乃於別色聲音之內深得其□雖不蔽有如生之者然則謂天為不因人而即與誰無有耳而何以不盡無不聰也誰無有目而何以不盡無不明也至心則原心所思是不思之豈果盡無不得之者乎非擇而後與何有與而若有未盡與之者謂天為必擇人而始與何耳

即不思而莫不各與以耳也何目即不思而莫不各與以目也至
心則以思矣奚苟一心之亦將有得有不得焉者乎必擇而始與
何一與若無有不與之者然天若不知其有以與人也天惟行所
無事而形已生矣而非人與矣無聲無臭之中曷嘗諄諄然命之
曰此其為我之所與者一而人則寔無非為天之所與也人惟本天
以生而因以有形矣而因以有性矣有物有則之際所宜懸懸然
舌有青蓮
念之曰此其為天之所與者智無所加愚無所損賢不獨豐不肖
不獨嗇與矣且無一而不與矣人其知之乎苟知之而不先立乎
其大者則是棄天褻天而並忘其所與之天者惡乎可哉

試草

此天之所　三句　　　劉巘

體以大而制小者効天職者也夫以小奪大是曰違天勢大不立而小奪之非小者之咎也責在大者而已矣且天之愛人也甚矣而人之不能自觧于天者天以其全者而付之人以天之所付者而失之而且曰吾耳目之有害于吾心者自天之所付而來者也是天愛之而適以累之然而豈天之適乎心大者也耳目小者也誰與之天與之也天與之天未嘗奪之然我之所以奪我者即天之所以與我者奪我也然則天之于人也其小者將不偕大者而與之乎人將曰孰使吾之無耳也而責心之聽乎孰使吾之無目也而責心之視乎其

（原評：從出字出奪字處點動。）

（提清大者小者。）

即振出下二句○是不朱點首句○

小者將僭大者而與之乎人將曰孰使吾耳之聽也而亂心之聽乎孰使吾目之視也而亂心之明乎然其咎不在天也天與之天亦嘗奪之惟其大者藝天而棄之然後其小者悖天而奪之其小者之奪之者有乘大者之虛而入者爲心先喜聲麗也而後耳接以非禮之聲心先悅紛華也而後目嘗以非禮之色大者中虛而無主于是搖然感物而動而不能操是非可否之衡夫不立則其中虛立之而後其中實故大者不必與小者爭消長之數但使大者擴之而無不充守之而無不定而其小者已自屈而不敢竊其權抑有竊大者之弱而凌者焉心先爲耳之所移也欲不受非禮之聲而不可心先爲

久銅先字

目之所制也欲不納非禮之色而不能大者勢弱而不尊于是靡靡
然遂物而行而不能合取舍從違之準夫不立則其勢弱立之而後
其勢强故大者不必與小者絕來往之機但使大者剛而不可屈健
而不可撓而其小者已相從而不敢違其令蓋未立其大則小者逆
縮住天字
天而逞大者曠天之官小者侵天之職而耳自為聽目自為視紛然
失百體之張紀既立其大則小者順天而安大者奉天之命小者畏
天之威而心無不聰心無不明秩然定一身之綱紀先立其大者焉
所以事天也此為大人而已矣

起處提得清楚且能不呆黏首句中闡虛弱二義極的當後幅拈

天宇亦精瑩。　武曹

象山以先立其大為宗旨。舉示詹阜民。安坐瞑目。用力操存半月。一日下樓。忽覺此心中立。象山見之曰。此理已顯也。如象山說。必屏棄一切日用事為。專求諸一心。而後能立大。非孟子之教也。此文照非禮勿視勿聽。豁出實義。遂與象山宗旨迥別。

此天之所與　奪也　　復試□□□擬　作

體要方嘗知所立也夫知天之所與則所以事天即在是矣立其大而小不奪可不務哉且夫陽大而陰小天之道也故必使陽常先而陰常後則大自伸而小自立天之道有然而其見於人亦莫不然若心與耳目皆體也而其職將無同此其原出於天帝之降於我者理爲之主而氣爲之輔輔者原不得以侵乎主者之權也則在乎執理以宰氣命之行於我者生爲之帥而形爲之役役者自必當聽乎帥者之令也則貴乎盡性以踐形天之與我如此自人未能立乎其大而小者之奪故不免也何則天之道中而已

矣未能致其中則視聽之不謹始而氣爲物動終而志反爲氣動矣欲心之不放得乎天之道哉而已矣未能存其誠則視聽之非禮始而形爲物累終而神并爲形累矣欲心之有守得乎有知所先者於此致其中焉耳主静以立極當夫視聽未接惟此惺惺常在以觀萬物之備及感應四起則心獨爲之綱維而耳與目各司其職而不得出其位其大本固必存其誠焉耳主一而無適當夫視聽未交惟此乾乾不息以一天下之動迨事故雜投則心獨爲之宰制耳與目各分其功而不至以其咎其大原清也爲養爲察而後施諸四體不棄不褻夫乃肖其所生大者立而小不奪則

天之與我乃不偶然矣故曰陽大而陰小天之道也得是道者非
大人而

研理幽微豎義精確闡深樸茂包掃一切震川稿中未曾多見
范斗品

剖析分明片言扼要中為天下之大本誠乃聖功之極致立字
具此二義方見大人本領學者亦有入德之基幼嘗服膺穆村
藏稿覺說理精深相似而筆底尚遜其簡潔古茂也　張質齋

以王唐之矩矱變陶董之壁壘精微廣大穆然先正典型允推
後學模楷　江魯齋

杜工部於詩自云讀書破萬卷下筆如有神東皋子之於時文亦然及其說理則粹然宋儒之旨 孫政

此天之 擬

此言何謂也之則以為　擲濂□

有未盡解夫古語者猶欲自解其意焉□□□□保赤之言是
未解夫儒者之道也何一轉計間猶欲自解其□為乎且自有
不可解之言。因有不可解之理。而自無不可解□　即無不可
解之言。古人之□□可解而難解為得以強解其□　之解吾心
之□難解而可□□得於未解者明為之解□□　因古語之
未可解轉得以定□所□即吾心於此耿耿焉而亦欲為之一
解如保赤子。古人則以為□之可同於子也。吾人則以為子之
無異於民也。□□之言。固無不可解者也。然而已有不可解者
矣。解其溥於民。□覓視之如骨肉。解其親於子。何覓□字摩

生則此言也在古人或別有見解耳然而之無以解是解
其親在于何援親子之何以親民解其親在何至親民之情
如親子則此言也在古人當亦無以自解耳然而古人之言轉
得以不解解之矣古人之視民何若是之親古人之待民何若
是之□蟠是言以揣士用情不概從其厚矣則古人之言既
解而之之心轉可以了解然而之亦□□言而有以自解
矣謂之之道異儒儒已為之□其端謂儒道異之之已於儒
竊其概援古人以徵一己用心亦不甚相遠也則古人之言既
解而之之心亦於此而可解然而之又□急欲自解也第不解
則聚訟之端將自之始不解則角立之勢亦自之成置為不解
必以為吾人之道終無可解也則安得不為不解者一解乎之

之意。然而非儒者亦無所用之之解也。惟請質不容 詳生平。既不必之之曲為解。參觀不容執己見。亦無容人之代為解。得其所解。庶或於儒者之道。亦有以進一 解也。則正得以解古人者轉而解夫之之心。之則以為之之言 是古人之言。有不必盡異者。愛無差等。施由親始。之蓋有以解事親之道矣

拈一解字扣住兩頭為題結不解之緣而行文亦清 析爽快得大解脫

此其大略也若夫潤澤之

存真小鈔　陳運精

使政而可泥矣大略也無庸籌及潤澤矣夫井田諸大端孟子雖詳言之然特其大略耳得不即潤澤而籌及之今夫士生三代以下言政者不僅於法之中略陳其梗概即行政者亦不必於法之外自創其神奇顧意盡於法之中或未嘗推行之妙而事存夫法之外宜力審通變之方夫惟不拘拘於法而神明於法斯運以法也而即運以心矣井田之制吾之所言如此此豈遂闢雎麟之蘊上可以潤色鴻圖此豈遂揭官禮之精下焉而澤敷黎庶其迹粗也其旨約也所謂大略者此也剝蝕久則考覈多疏前聖之典章半消磨於風霜兵燹之餘雖抱殘守缺亦

欲大晰其精微而文謨由此涉武烈由此湮禹鼎湯盤由此墜則井地之法變此則第論其常也僉謄斷之難憑能無誦遺文而徒深徃復世代殊則流傳多誤先王之制作半遷移於穿鑿附會之儒雖則古稱先匪徒略覩夫大意而箋註自此紛異學自此出沿訛踵謬自此開則井地之法全此則僅得其半也歟遺規之莫考亦惟撫往訓而述所舊聞且夫仁政之行有可賅以大略者有不可泥夫大略者從來體國經野數言亦可括其全故嘗有片語數陳行之百年而無弊者若是者利用因而達變通權寸衷不容膠其見故嘗有成規自執措諸一世而鮮通者若是者取諸變蓋因而守之者法也神而明之者心也若夫審時度勢則潤澤之又不可緩也法與時為升降撫前朝之憲

典豈必盡可率由亦師其意焉可矣夫執拘未化成書亦誤蒼生茂古者失之妄泥古者亦病其拘也惟因其時而潤澤之因革參夫氣數屢變而不離其宗損益亦具權衡非聖而已幾於化本旋乾轉坤之妙以與為裁成天下所以鮮拘墟之學法隨勢為轉移定一代之章程原自有其妙用亦會其通焉可矣夫學問未融腐儒實病人國偏舉之而弊生備舉之而禍益熾也惟因其勢而潤澤之可行則即行不得矜言創造可廢則即廢何所用其因仍從酌古準今之餘以與為潤劑一時所以茂參贊之功此不拘拘於法而神明於法者也是所望於君與

滿紙經腴渾脫瀏亮後幅鑿鑿言之尤非僅以藻采見長者

此其大略　神農之言者　朕快集　稽　蓉

示大略以復井制而為言者又可以矣蓋大略存而井制復孟子之望滕君臣意深矣奈何為言者又有託於神農者乎且吾儒有復古之心斯有復古之略因即有復古之言乃大賢出方欲以古維世而一時所言本乎古異端起直欲以古惑今而一時所言并託於古之尤古噫古書失而復其治者幸有復古之儒不謂託上古以抑法古者而邪說又作如孟子論井田而述其制如此此言也非孟子自為一家言也生當戰國既不限黃農虞夏之隆又不免抱典籍流亡之慨是故其詳不可得聞其略猶堪粗述我孟子亦惟望滕君臣善為潤澤之而已矣明

乎此而世有為辟草萊之言者其說無甫採方策雖無可攷而師其意何難因特勢而煥新猷明乎此而世有為剛阡陌之言者其書可以删簡編久即淪亡而得其意亦足精補救而追古制我孟子於此將以此採移風易俗之原焉將以此減立異矜奇之說焉而不知可恃者治術之醇可危者口舌之患列國尚縱橫三代之書盡削吾道所以阨耳天生一大賢而一切制度紛繁尚得於當年稽古之深精其考訂縱彈丸待治而抱負抒其不凡則以見治法即本治人而坐論在儒生萬年經濟之書傳於韋布即處士橫議決不得而爭其說也末流滋蔓鼓千秋之緒幾消學術所為壞耳天生一大賢而一切新奇詭異正欲於今日從游之盛與以裁成乃大道自尊而誣惑旋盈當世益

以見創論冒為正論而異言託皇古百世心傳之旨清以庸流即正學日崇亦不得而緘其口也蓋嘗見孟子時有為神農之言者刪書斷自唐虞而神農本無遺册顧不極之神農而言之近今者不足以抑稱學校述井田之孟子夫是故一時倡論假其名於炎帝之朝而大略為非所為矣論治上推謨典而神農絶少成書顧不溯之神農即言之述古者不足以儷論世祿詳貢助之孟子夫是故當日陳詞崇其說於軒轅之上而大略言非所言矣蓋至神農之言而有為之者其與孟子論井制之畧大不同而吾學之害從此基矣彼許行者真其孟子之罪人也

高瞻遠矚硬語盤空

此其大略也若夫潤澤之

粵秀書院　鄭郁文

明井田之大略潤澤宜亟矣夫大略而不潤澤未可以行井田也孟子故并及之且修明之制歷久難詳損益之權與時為變此非泥其文而昧其意也蓋往制溯前朝挈領提綱散佚之餘難美備而新猷煥當代宜民善俗因革之內有權衡以揭其要達古者懲以酌其時泥古者妄則約略陳之尤貴化裁善之矣吾言井田如此此固極優朝之變通盡制而有此宏規者也顧郊圻申畫本極其詳而典則皆亡僅陳其略一分封而守昭文之舊壤河山如作遺績豈盡無存然疆里已遷周尺之遺規莫考東南已荼周原之故典誰傳數百年成法遽更徒得於迺宣迺

初以還博稽焉而得其大槪登高而覽疆域於中原廬舍依然一制無難盡憶然嚴獻增於中國三代之良法何存阡陌開自洫澮萬井之提封非昔六七國并兼日甚徒得於任土辟萊之日會意焉而陳厥大綱此其大略也今夫學士參稽僅為前后永神明之壽而後人採擇當與先民爭諮度之功一朝之制度典章良難盡述然制以湮而難備而意以度而可師則考古之餘還思復古一代之土宜風俗原難強同惟酌諸古以為衡即準乎時以定制則宜古之下更覺宜今是所貴潤澤之乎王道雖不外乎人情而古法究不與俗情相習從狃於便安之下而欲以此疆爾界驟行諸憲章廢棄之年將豪強或悍然相爭愚賤或囂然不請以潤澤施之舊制宜精裁制也法也而通以意

豪宗之氣可以馴經也而達以權草野之恩可以普斯即起先王而問之應知大略之難拘執也禹甸之畇畇也參以亳都之裁度遂覺貢為助而百族咸宜蓋其潤澤者精矣而能勿轉而籌之善政雖轉移夫風土而古法或難與土俗相宜從絕長補短之中而欲以畫井分疆概行諸溝洫縱橫之地將或人廣而地不能治或地廣而人不能耕以潤澤濟之法守何容拘守也原隰有各殊而執拘之謀非所尚肥磽有或異而權變之術不妨參斯即起先王而理之應知大略之宜補救也殷土之茫茫也加以鎬京之稟酌遂覺易助為徹而四境胥安蓋其潤澤者大矣而能勿切以期之此其責不在君與子乎

○○○此謂惟仁人　合下節　程學院科取進

福清學一名

惟仁人伸愛惡之權未仁者不能也、蓋惡以成愛而愛惡各伸其权惟其仁也苟未仁則失之命與過何以稱能愛惡哉且用舍乎天下之大柄也本之以無私行之以果斷故人獨擅其能事而甚非優游姑息者之所得而幾有如放流屏斥仁人之極其惡如此於是乎不善者退而賢者舉矣不善者退之惟恐不遠而賢者舉之惟恐不速矣惡以成愛有時独伸其权者泰始不兼尽其道吾乃今而知仁人之無乎不能也第曰見賢不足見仁人之能愛即泛言舉亦不足尽仁人之能愛惟夫不次之擢加于崇

無甲阻乃嘆歎之尽其〻一稍息緩者不能也第曰見不
見仁人之能惡即泛言退亦不足尽仁人之能惡惟夫不浪之臧
出於独断而絕無牽制乃嘆惡之尽其極也尚容忍者不能也盖
惟仁兼乎智斯有以灼見乎賢不善之分亦惟仁兼乎勇復有以
不撓其舉與退之权是誠難能也古来之稱仁人者有幾哉則能
此者有幾哉等而下之有君子而未仁者亦〻明〻見賢矣是所
當愛者也幾〻乎舉之以明吾愛胡為〻能先也不能先即為不
能舉尚得謂之能愛乎命焉而已又已明〻見不善矣是所當惡
者也幾〻乎退之以彰吾惡胡為不能遠也不能遠究同於不能

退尚得謂之能惡乎過焉而已惟其存於中者愛惡未極其誠故其達於用者舉錯未行其斷爵賞偏吝於賢豪而寵叠不加於宵小古今柔懦不决之君或托為慎重名器或矯為大度包荒甚有假調劑之説而賢奸雜進者卒至銓衡失序品混淆君子傷君根之不振爲有以知其心之未仁也夫賢者難進易退不能先斯岩穴老耳不善者極善彌縫不能遠將乘間進耳迨夫不善植党於朝而賢者無以一日安其身不能愛之獘未始不由于不能惡乃益嘆仁人之惡以成愛而独伸其权而兼全其道則信乎能愛能惡非仁人莫其歸也平天下者奉以為準自可免于命泗

此謂

此謂唯仁人為能愛人能惡人

仁人之愛惡寓於心也有可證其說著焉夫愛人惡人唯仁人為正
也歟欲流昇遂之慾宜不可得矣所謂哉且聖天子在上有所容
鼓萬物之　有所拒以肅萬物之志此千古揚遏之大權也方
有時不必兼用其權而寬厚之意即寓於刻覈之中則相背而適
以相成始知愷惻為懷者其用為獨神矣不然仁人亦唯愛人耳
何以論若急於惡人者而放流屏逐如此哉蓋爵祿足以扶正人
不足以別奸人善良雖奮志於旁格邪曲或濫叨夫慶賞故仁人
方振動六合之全量當安坐而運神明變化之權而刑罰足以威

十一

天下尤足以理天下羣小傷心于朋黨即豪傑願許以馳驅故仁人有兼容一世之鴻規乃特起而操進退人才之柄則能愛人者泰於即能惡人者也而能惡人者未有不能愛人者也非仁人而能若是乎吾嘗習聞斯語而今乃恍然于其所謂矣飛揚跋扈之雄其勢可以傾軋盈廷而使賢否混淆愛惡有所不能正蓋百君去一小人名句况一小人去百君子而有餘也仁人急於愛不得不急於惡斯明睿生焉而衡鑒洗真士氣為之一伸殄行為之一戢先王旌別之權隱寓諸斧鉞王道之所以出於無私也援經飾古之才其術小以歆動人主而使優柔無定愛惡於所不能行

蓋蠹國忌才之行上為神宗聖祖所不容興利除弊之謀偏為天
王明聖所甚惜也仁人專於愛不得不專于惡斯剛毅出焉而大
嫺獵抑賢才無掣肘之慮宵小有釁心之痛三代直道之行不移
風會君以以全其長厚也不特此也余壬失所憑依亦無
敢妄干刑僇既善全所愛何不可兼容所惡乎則其能獨絕矣所
以大憝既投羣心愈靖有數賢足以治有數不肖不足亂也古者
刑期無刑咸歎仁人好生之洽焉不可于此而憬然悟哉且奸回
有所覯風羣愧悔以改其行今所宥愛者何必非即昔所宜惡者
予則其能獨伸矣所以奸雄既去朝野清寧賢一人不足為全哉

一人轉足為恩也古者刑以弼教羣推仁人轉移之如焉不可于
此而悠然會哉夫絜矩為恕之事故其道即所惡為推今之能愛
不旦即恕以成其仁哉平天下者其知之
筆意警鍊沈秋雯師
胥羅全史筆掃千人弟鑑識

此謂唯仁人　三句　壬辰

卽惡以成愛ㄑ之所以有全能也夫知愛而不知惡則愛必不全唯仁者能惡故能愛也此用人之極則乎且甚哉用人之難也用一君子不足以去天下之小人而留一小人倘能盡天下之君子故小人不盡去則君子無一存然有去之名無去之實則旋而散復黨而聚及其復聚也其害尤烈而君子乃遂無一留遺吾是以念放流屏逐之仁人也仁人何止見其惡而不見其愛哉吾見夫至治之世朝廷清明百僚時敘大臣勤思吐握庶官推賢進能一時虎賁綴衣攜持僕御罔非吉士猗歟盛哉仁人之愛至此極乎而要非放流屏逐不

至此天下賢奸不兩立邪不能勝正陰不能勝陽此亦其理則然也而事勢恒相反也進礼退義君子原無必與小人爭勝之心無如小人偏自有才挾其經術方斥君子為迂踈特其文章方誚君子以朴陋甚至明主可愚英主可劫而國論無定評天下忠邪不並存大忠必顯至愛必彰此亦事後則然也而踈罪恒難白也大利大害君子始有與小人角立之日無如小人亦自有名托創建之論遂謂非其類者不足以奉法持紹述之說遂舉昔之賢者盡目為党人遂至新進必除元老必斥而朝右無一士此非人主決斷於上不可也不斷而至君子爭之譏彈及于公輔面折幾至不容而小人之心愈毒除目

萌之害可以盡戮直諫之臣除異日之憂并可盡殺清流之士遠其事而圖之無及也且非　主獨斷於上不可也不斷而與在廷共商之緩則其機易洩急則其事難成而小人之謀愈疾矣擊大臣於人主之前而曰以誅佞臣動干戈於邦域之內而曰以清君側當其奕而去之庸有濟乎是唯仁人在上秉灼見之衡而魑魅無所逃其鑒握乾剛之斷而姑息不以養其奸故誅戮止及一二人而天下之氣胥化何也天下之決為君子與決為小人者原可措數其餘皆庸人中立視主上為從違者也人主之威不奮則中人悉與君子為敵而并流比匪之歸人主之威既張則中人亦與君子為朋而樂附王人

之目自古國典一行而頑讒胥格率土享和平之福者此也且擯斥必不留遺類而國家之品乃清何也天下之決為君子而必不為小人者自有真品其餘不無因勢觀望待間而竊發者也持調停之說則餘党終藏報復之志而易世猶將肆其毒為務盡之謀則醜類不得城社之奸而善良於以蒙其休自古大慝既除而根株悉拔海內頌清明之治者此也此非所謂惡以成其愛哉奈之何有命與退也

愷切詳明如讀宣公奏疏

國朝熊劉而後僅見此種　顧震滄

此謂唯仁　惡人　王自超

以用舍仁天下者斯不得不盡量以予矣夫仁天下而必放流仁者之不得已也然天下無餘事矣仁者亦遂無餘量矣且夫學擊斷而至不仁以天下之大而不能容一夫之過學仁而至于愚則以天子（漢○唐○諸○君○每○坐○此○病○）之權而或不能行快意之事矣雖然攬機立斷盡其去不肖之才而亦快天下去不肖之心則吾必歸仁人吾必歸仁人使庸庸者無所（看○其○筆○端○出○沒○）黜而莫辟亦不得視長厚為無用也今觀冒嫉若此放流又若此愛人惡人若盡人而然然必曰唯仁人能何也凡為不肖有量去不肖亦有量大賢而以小節見稱鉅奸而以微文被譎不足快正士之心

壬辰遠傳稿　秋巘選　大學

亦不能使小人之志矣古聖人力能養數十年之奸留之後人盡其量可以盡吾量也爲不肖有力去不肖更有力其過爲天下所不容其材或爲人主所愛惜人主執並覆之理天下豈兩全之術哉古聖人能以數十世之奸去之談笑彼不憚力吾亦不惜力也國家所榮落者人材耳長養之一人鋤去之一人此兩人而心相與佑力相與敵于此見人主之能觀夫有畀之援而後嘆百年之材淘可長數代之奸淘可去矣人主所進退者數人耳其窮所拔者不數人其親所擊者亦不數人此一人而持之不力行之不快毋所貴人主之材觀弋寄棘之法而後嘆正人自此而安全孔壬自此毋足慮也雖然吾

鄭步央林

英發鋒藏古雋

大言炎炎驚厲論

所能愛人能惡人者則必信之于其事矣則又不必寔之于其事矣（兩柱）

（云比某號爨力）（洞觀千古）

曰人主好惡毋務于名也進賢僇奸人君所不足者非擇仁者曰（字挾秋霜）

吾得其意而已庸主亦曰吾得其意而已則食何以必吹笙而刑何

以必瀧龍故愛人吾必信之放流也惡人吾亦必信之放流也慎而

予之責其寔而已夫草野嘆賛匹夫著書若夫行吾所得為而亦寄

之慨嘆托之微文乎故曰必信之于其事也一曰人王賞罰貴行其

大也爵人刑人朝廷戲行者數百仁者曰吾欲盡云然苟主亦曰吾（妙論）

欲盡云然則弓旌必徽遍而雷霆將目擊故愛人則事之不必然者

也惡人斯事之已然者也兼而存之快其量而已夫野有好仁之歎

王茂嶐傳稿　大典

庭有疾愚之萆此亦千古所偶一有而形書載名儒生與莫矣吾故哉嘗而止何爲高者

曰不必寔之於其事也

不屑作舉錯套語獨從國家大體上發出一番崇論弘議字字鞠

不經人道故以此方駕古人應使陸語無漸賈言失至矣　厲伯厚

黃陶菴作議論題多映帶末世時事至有訓詁者註以泩語即是

其事咸衍人有云凡緼生文不爲故事所使鮮不佳者先生文大

鄧議論似陶庵而渾礴豪放又若別有一界矣　龔仲新

此謝唯

大典

此謂惟仁人　惡人　　方應祥

傳者揭矩於仁，見用人關君德也。蓋天下平於君之愛惡也，獲仁人可知也。擬已，傳者意謂君子小人之進退，君心之愛惡獨擬之，乃君有所以擬其心者，仁耳。置吾心于仁之中，天下可愛而惡之人，以仁分矣。稟吾仁以司天下之契，人心能愛能惡之仁，即以仁達矣。仁人鄉何惡嚴賢之人，如此寧迸之遠哉。吾以此見仁人之能愛焉，即於此見仁人之能惡焉。其庸是人也，非以我愛之也，亦非以其人愛也，人心公有此愛也。能容用之爲容有技，好彥聖之愛，仁人能共愛之耳。汝其契於老老長長悌於少人，而孝弟才倍之道溥。此之謂愛以天下也。謂惟仁人能愛人可也。其絀是人也，非以我惡之，亦非以其人惡也，人心公有此惡也。

因字放流無不倒能惡于能愛上者看此

入要上

補上節而一章之謂俱注其中

紘倒用之而嬗有枝達彥聖之惡仁人能宣致之耳勿施所惡於上下
前後左右之間而父母赤子之欲通此之謂惡此天下也謂惟仁人能
惡人可也愛惡不為人調也緋品於善不善僅以伸舉措之權唯勅裁
於仁與非仁而能湛賢奸之鑑仁人之慎持於獨懍者嚴矣一仁以密
窮其愛惡於此見仁之稱人也徵愛惡不因人使也瑩善人於端揆所
以集衆善而厚國家之精處不善人於荒裔所以安善人而亦以示天
地之寬仁人之論求其慈保者素矣合愛惡而總歸於一仁於此見仁
之進人也大君子絜矩之道豈不握本於仁哉有仁人之愛惡然後刑
大貳〻字義不混　○花〻　愛惡在刑賞
賞之用不虞於貸縱而綱紀正是狀之論不侵乎朝常而道悳同天下
之所以平也○
此題緊結二節與論語籠統說道理者不同
為小家吾之評此是也四直方大

此謂惟仁人　王永祚

○○以人理財惟仁者俱得之矣夫能愛惡之仁人即發身之仁人也則其以人理財者有道也且天下之平亦平之以人而已平之以財而已乃財必藉人以理而人與財之脉尤必藉一人以遞操之此一人也能發身能不拂人性而其原則先于能愛能惡其所愛必人性所好也必能以經術衛君身者也其所惡必人性所惡也必其以私圖蠹君身者也而是果誰能乎曰仁人仁人者心則忠心也信心也道則大道也其愛人惡人之道即不拂人性之道其不拂人性之道即恒足天下之道故損一身以從天下而必舉必先必退必遠者道之得在生財以前者也以人擬財則其源清合天下以培正身而生衆食寡為疾用舒者財之

足於得道以後者也。以財發身。則其流暢。蓋至于身發矣、歸其用于財、而所以佐恒足之籌者、乃在人、歸其用于人、而所以司愛惡之幾者、乃在仁人、然則仁人者、合人性以為身、合人性枉直之衡、豐嗇之柄、以發吾身者也、不為過命、而天下人為其御矣、不為驕泰、而天下財與天下人共理矣、是真能平天下者、

只以人理財四字仍是通章大眼目非止就題章截也

此謂唯仁人為能愛人　朱陸燦

證能愛於仁者不拘乎愛之迹者也夫衆曰愛人未可謂之能愛也觀仁人之不偏於愛若此而能愛復何疑乎傳者明乎天下在用人而先取仁人之能事而著其心謂夫心之德未易全即愛之理未易盡夫豈必其靳吾愛哉吾用吾愛而僅及於所愛之人則匹夫庶士皆能之而乎諒之懷無以大白於天下未可語於仁人之用心也仁人於娼嫉之臣放流若此迸逐若此此其行法不可謂不峻其用意不可謂不嚴似乎有妨於愛矣然而言放流者必曰仁人言迸逐者必曰仁人大仁人豈其不足於愛而好為苛繩

（斷入幾付）

（補入古文處）

（抱仁人二字平推開豎）

也者抑豈偏用其愛而矜言長學也者彼論仁者僉曰仁主於愛
仁者宜無不愛矣而亦思其所以能愛者謂何耶有愛人之心乃
形而為愛人之事慈祥所及必使萬物咸被其恩此仁人之本懷
夫人而識之也不必為愛人之事而寬無非愛人之心豈第所流
常使天下陰蒙其福此仁人之大用夫人所不能盡知者也蓋唯
仁人克全乎愛之理故其於人也不偏乎愛之術言有愛也愛天
下得不愛有技彥聖而尤愛此休休有容之人能專其愛於一
介臣則可謂能愛有技彥聖矣則可謂能愛天下矣言有愛也愛
天下而及後世自必愛我子孫愛我黎民而尤愛此保我子孫黎

民之人能全其愛於一个臣則可謂能愛子孫黎民矣則可謂能愛天下後世矣然其先未暇遽言愛也亦初不於所愛之人自明其愛也而惟見夫放流若此迸逐若此天下有執姑息之見而能知其行法之歸於愛者乎天下有狥寛大之名而能識其用意之原於愛者乎彼比周之衆或訐其執律之太苛即讒說之倫亦疑其秉心之維忍而仁人要不泯之以自明也卒之言放流者必曰仁人言迸逐者必曰仁人而言仁人之能愛者必曰惟此放流而迸逐之謂何也能惡人也能惡所以全其愛也非仁人其克有此公而得正之用乎哉

折入放流迸逐一片神行

善用縮筆

有倚鴻閑空

飛鴻踏雪之致

恰好接出

襯筆妙

如題而止

機勢輕迅按之題位不溢一絲原評

蒙上即注下其妙尤在善於留下筆之空靈夭矯較初集單作

富更勝一籌矣李錫瓚識

此謂唯　　朱

此謂唯仁　合下節　　江南 吳化鵬

愛舉而惡退、舍仁人無有能之者矣、夫仁人之愛惡以決於舉退、而成者也、觀命與過之類、不益可信其能事哉、且自賢奸不容兩立、而用舍決於斯須、甚不可以怠緩從事也、怠緩從事、則雖具意無從、而日遷月延、後將有不可為之勢、徒使天下惜其有知人之明、而無誤于所行之、慨惟其然、而古人之能事愈不可及矣、娟嫉之人、放逬必遠、豈過忍哉、吾觀聖明之朝、賢者日舉、不賢者自退、其時政平刑措、而事莫不理、與斂之辟、欲進吾于必力退小其人、智深勇沉、而事乃可濟、如所謂能愛人能惡人者、杜閉群妬

感慨無窮

逆飾

承上側重惡邊

歐雲孫

廣闢衆正決斷狐疑屏絕猶豫信唯仁人足當之矣其所愛則賢（簡○鍊○直○逼○下○節○）
也僅言愛之未足以盡能愛之量吾見其舉之不謀寄小而疑攬（行）
日勤不惑群言而修良地簡則用愛固所以清其惡之原而所惡（互○筆○）
則不善也僅言惡之未足以盡能惡之量吾見其退之邪曲不容（倒○重○此○意○）
恐害夫直道雖冗不錄恐加乎方正則用惡乃所以全其愛之理（折○下○宛○博○如○意○）
自古仁人其能專蓋未有不如此不然者徬徨於賢否雜還之地（束○筆○老○）
而前却于進退兩可之途彼亦何嘗不自[illegible]賢可舉之不能何論先
也若欲舉之而又若不欲舉之[illegible]非知其賢而飢渴之懷無有非
能愛者也命焉而已彼亦何嘗不自[illegible]可退之不能何論遠也

若或退之而又莫或退之是明知其不善而濡忍之私不决非能惡也過焉而已嗟乎難進易退者君子之節也易進難退者小人之態也以難進之士而使執狐疑之心以難退之人而復持不

昔江[illegible]作[illegible]恐恨曲悲

斷之意用賢則如轉石去佞則如拔山其弊也小人道長君子道消豈得曰吾嘗見之矣而藉口於仁人不世出人固有能有不能

蝕斜斜數

也哉夫仁人之能事非真不可能游移之念誤之耳吾以為其事

龜是寂光神縣

鋼悉

當從能惡始不使不善者得以妨賢則賢皆可以自容而愛人之

可與適道

心亦盡故過之害更甚于命而合智與勇乃以成其仁于古用人之道言者之有易也

題面雖平，須上文來題意，却側文妙于平處見側。議論風生，卓然不群。金德瑛

究精闢生機，流一片真氣，足開户牖。吳企顔

此謂惟

此謂唯仁 二句

吳偉業

仁人愛惡之用以相反而成者也蓋愛惡不同術然仁人得而兼用之此仁人所以不可及也王者用人在于先定愛惡愛惡定于內取舍決于外其道惟親君子遠小人而已矣而尤急于遠小人何則（君言行在人耳目）世有親君子而或容小人之時斷無遠小人而不用君子之事其親君子而或以容小人也則以有愛無惡者為仁人大不忍之情故但令衆正咸登何必聚羣慝以致其計而天下因稱曰此仁人之不可（其發終偽不斷）及也不知姑息之說仁人或有所不用其遠小人而因以用君子也則以有愛有惡者為仁人不得已之事故既使賢者得志何待養禍（其發恐流于刻）亂以成其奸而天下或疑曰此仁人之所不出也不知剛果之用仁

矣○人自有所必征故觀于仁人放流○知其能愛能惡者○端在于此○何言之、人臣之進○退有利害無關于國者○其進之○不必優遏之○際○其去之○不必深致其罰此何足見仁人之斷○惟是正人方進而邪人滋構于其閒安危之機存乎君心之向背而能毅然以決之此乃足以見仁人○之斷也○人臣之賢奸有功罪既見于前者○其人已負天下國家之望○其人已在大阿大譴之列○此何足見仁人之明○惟是君子家諤而謗○人壅蔽于其側危疑之勢係乎上人之清明而能察然以辨之此乃足以見仁人之明也○雖然夫人主以一人之識○其所愛者未必造国家之禍而其所惡者剗削太甚○或繞傷國家之脉然仁人不惡乎此也○夫吾方當錫用賢豪之日而何得加恩于匪類則誅必力除必

（用愛止爭以一時所容爲難）

（天下聖明含在此等作用）

（不然如此則亂至矣）

盡而始可副吾士大夫之望天下所以嘉賴仁人者實在此耳且人主以一日之見愛一人而未必盡天下之賢即惡一人而好惡纔生亦不能盡天下之不肖然仁人又不慮乎此也夫吾止欲保全腹心之臣而何必悉誅夫衆乎則刑一人殺一人而已足快吾士大夫之心天下所以推服仁人者專在此耳蓋春秋之書善善惡惡必存其辨闊寬之法驟功驟過而重其文所以聖人雖有疾惡務盡之戒而王者決無好不易擊之虞則愛與惡不可偏廢之說也

闊達多致而能自為開闊其本勝也然漢以文接之衆天如

仁人正君于慎德者也愛惡之用以相反而成者如舜德好生舜除四凶是已他人即能知得能如此發得透快否 陳道掌

吳梅村先生全稿　大學

此謂唯

愛惡並舉。却專重在惡人。邊方與上文貼切。若作籠統語。便與論

語唯仁人章口氣相混。中間一步緊一步。洵是斬蛟截犀手　王麁批

惡小人正所以愛君子。千古以來。未有小人在君側而君子得行

此謂唯仁人　過也

科試候官
一等一名　吳履泰

歸愛惡之能於仁人獨無命過之失也夫仁人之于賢不見之已也盡其所爲愛惡而不失之命過焉夫豈恭什之所可及乎且人主進退人材欲期用情之至當者惟斷而已矣一人公正無私而彰癉各得則賢姦而不病其需遲鄙奸而不隣于姑息其能事誠有獨絕而未易以常情之見與之也彼仁人於不能容者而放流迸斥之遠若此此其以惡成愛運明斷於下心卽惡推愛伸用舍之兩柄則仁人之所能大可覩然從來容賢者宜愛不人不可以爲能不擴其愛凡愛之亦猶之乎不能也而潮而出衛

而十千肝

仁人則獨為能愛焉於賢者宜惡不惡不可以為能

極其惡以惡之亦猶之乎不能也而旦而貶黜夕而投荒唯仁

人則獨為能惡焉雖然能愛能惡亦謂仁人之愛人能舉而先之

耳亦謂仁人之惡人能退而遠之耳夫慎名惜器必論定而後官

棄咎滌非毎樂收於晚為其有愛而未舉未先有惡而未退未遠

者仁人常於未見之先將用其紆徐然稱賞□即無以神鼓舞

優容太甚漸且以啓貪緣則愛之而必舉必先惡之而必退必遠

者仁人尤於既見之後獨伸其果斷有如見一賢焉而弃之

且不勝其遲疑也聽聽於中先持一若疑若信之説以目睫遂相

此謂惟仁　惡人

汪繹

有所惡以成其愛、天下所以推仁人之能也、夫不能惡人、而又烏能愛人、有所甚愛、即不得不有所甚惡也、非仁人而能若此耶、且夫有志于平天下者、未有不知君子之當愛、而小人之當惡也、顧吾欲愛君子、而謂小人在所不計、且即不惡小人、而謂于君子亦自無傷、則夫不可蓋奸回來去、而善類之勢必孤、然邪未斷、而扶正之力亦不勇、斷其人世謂其不能惡人也、而其實由于不能愛人、今觀仁人之

義、將、清

放流何其惡人者、此之屏哉、天下之稱仁人者、皆曰能愛人、吾不知

二股將合寫應對說而皆倒座惡上

所謂愛人者、將以其所愛及其所不愛之、爲愛乎、抑因其所愛而去

丁丑科大題文㘸

其所不愛之為愛乎如以其所愛而及其所不愛則用愛不宜有惡若因其所愛而必去其所不愛則有愛安能無惡即天下之稱仁人者又何能惡人吾不知所謂惡人者惟是惡其所不愛而初無可愛之人于意中乎抑欲愛其所不惡而不容一可惡之人于度內乎知惡其所不愛而初無可愛則惡或足以傷吾仁若愛其所不惡而豈容一可惡則惡乃足以明吾愛敵夫既為天下之仁人未有不能愛人者也而欲愛人即未有不能惡人以成其愛人之仁者也何也豈好之不亟處也非一日矣朝廷之上有一君子焉人主以予孫托之黎民寄之而衆小人者從而媒孽其短則孤忠之士有欲息于主眷

史雍終而身名不復可保故愛一人不得不惡衆人者勢也而僉壬之能敗善類也所從來矣朝廷之上有衆君子焉爾時有援任腹𦝫彥聖托心膂而小人者從而陰敗其成則朋黨之說遂大肆其一時之排擊而善良咸受其殃故愛衆人又不得不惡一人者理也惟仁人于此不托于兼容并包之度而大其兼聽並觀之明將欲使吾愛之上恩無不至必先使吾惡之上威無弗及其所惡者害我子孫之人也而保我子孫者進矣其所惡者害我黎民之人也而保我黎民者安矣此天下之人所以共服其惡人之公而陰蒙其愛人之澤也然則天下之稱仁人曰能愛人能惡人者非即此故流之謂而誰

十道科大題文選

謂哉乎天下者其知之○

倒重惡人○極得節肯而用筆亦儉輿不群之矣

此謂惟 瘵

此謂唯仁　惡人

廣東吳學院歲試　林錫齡

廣州府學一名

觀仁人之全量有善用惡以成其愛者焉夫仁人立愛惡之極則者也然非能惡何以能愛此所為舉一可觀其全耳且人主操大法以繩群下而人不驚刻覈之嚴群仰含宏之度者道固有相濟而神其用者矣夫懲勸之途原無分孰假雷霆之用即以廣覆載之心則以所惡濟其所不忍正不徒恩恩為恩而韜掩其英明之量也一如放流迸逐仁人之用惡如此哉一良楛混淆之際即有容奬之至意亦格而難施非主術尚嚴明則將概示優容而隱忍包荒斯世遂無以被蕩平之化一賢奸互進之秋即有作人之盛心亦彈

（刻露）（卸入一片）

而莫辨非君心昭果斯何能精為鑒別而照邪崇正斯人遂莫逃乎洞照之衷蓋覆幬以廣如天之德用愛國仁人之本懷而神武以昭不殺之心用惡乃仁人之善術此其所能固有可參觀而得之齊一將收四海之英而盡為我用而不以罰斷明專任之意則君子於祖稱而引嫌夫以英賢之見忌也任事則英指為攬權汲引則辨經為植黨縱有非常之士其誰不以舉肘為虞惟仁人以擊斷

黨斷禁世遂仇勝危也

之廣重腹心之寄而後僉壬屏息賢人乃罔所顧忌而盡其設施

老終森

是處一人廣天下患禍一人貽天下福也以所惡全所愛惟有識者知其操術之甚神爾一將勵在廷之佐而並効其忠而不以英毅

行不測之權則宵小亦終無所懲創夫以險陂之成俗也同己者引而為助異己者起而交攻非有特立之操其誰不以黨援相結（如齊威王烹阿大夫是也）惟仁人以猝發之怒昭遠見之明而後讒諂不容群邪亦争自濯磨而遠于朋比是不藥絕無以開登進之門不誅鋤無以廣招徠之路也（此謂虛神）以所愛別所惡惟深思者知其用心之獨遠爾（議論宏闊）然則世有矜含容之度而自托于仁人者非也山海之大不擇壞流帝王之權必嚴擿別本激濁揚清之用以廣樹風聲肅殺之氣無非培養之深矣試觀帝世以好生為德而放流必先于四族誅徙不後乎三苗夫非善用其慈祥也哉世又有尚苛刻之為而妄希乎仁人

近科考卷秀辭集　此謂唯仁　大學

者多非也以猛行殘民憂重足以威濟患人慶並生扶勵世磨鈍之資以顯襮風音震懾之動無非愷澤之流矣試觀我周以忠厚開基而齊棘之典羣諸書郊遂之條乘諸令夫非曲行其子諒也哉吾更衆命涵二端為用愛惡者勉之

神來英毅

蒙上側注如題平還位置渾融直堪華補造化持議包羅史事翺中彪外光焰飛騰

張默齋

此謂唯仁人　過也　周拱潞

愛必舉而惡必退非仁人弗能矣甚矣仁人之能愛成于能惡也非然命且過矣即非不仁亦烏得謂之仁乎哉（渾成有力）嘗論天下之平〻于用人者之心焉已矣人而賢務進之人而不賢且妨賢務去之是故天下皆見其心也或者不以其心絜天下將君子不果進而小人不果去何由平乎〻幸也（接得健亦接得化）放流屏斥如此〻其心非忍于娟嫉之人與衆共棄也乃不忍于負德懷才者隱受其害也非但容一不善以害諸賢而不忍也（伏下無痕迹）正恐賢者不能舉不善者不能退以流禍天下而尤有所不忍也是仁人也唯仁人爲能愛人能惡人此之謂也其義正可以

疑天命其事公可以順人情其幾審可以知用舍之分其權神可以觀舉錯之合夫如是而天下有不平乎哉雖然安得盡仁人而為之（亦緊健）愛人惡人為天下用人以平天下乎哉賢奸之不相下也進賢退不肖之不可以兩持也正人屈抑而難伸邪實貪緣而易入衡鑒不可不明而執持不可不果也苟非仁人必不能舉舉亦必不能先雖見賢矣蓋是謂之命焉爾矣非真能愛矣必不能退退亦必不能遠雖見不善矣庸是謂之過焉爾矣非真能惡矣用人而無真好真惡則妨賢者不果去妨賢者不果去則賢者不果進賢者不果進則天下無由平命也過也仁人不忍為此也（絕不辭費）

評

峭筆運以古氣。簡潔雄健。尺幅中有萬里之勢。原批

人人知緊是文章一字訣。然非筆力過人加之工夫。到亦何〔所〕輕言。彦介此作。腕下無停機。紙上無長語。殆不黍此一字。即竄入其匯先生剩技。由竟可亂真也。〔山〕此嶠

此謂唯

周

此謂唯仁　過也（大學）　周拱潞

此謂唯仁　過也　　周拱潞

愛必惡而惡必退非仁人弗能矣甚矣仁人之能愛成乎能惡也作
欲命且過矣即非不仁亦為待請之仁乎哉嘗論天下之平平于用
人者之心焉已矣人而賢務進之人而不分且妨賢務去之是放天
下皆見其心也或者不以之心繫天下將君子不果進而小人不果
去何由乎乎年也放流屏斥如此：其心非忍于娼嫉之人與衆共
棄也乃不恐于負德懷才者隱受其害也非但容一不善以害諸賢
而不容也正以賢者不能舉不善者不能退以流禍天下而尤有所
不遠也是仁人也唯仁人為能愛人能惡人此之謂也其義正可以

凝天命忠萬公可以順人情其幾審可以知用舍之分其精神可以
闢衆錯之合天如是而天下有不平乎雖然安得盡仁人而為之
愛人惡人為天下用人以平天下乎然賢奸之不相下也進賢退不
肖之不可以兩待也正人屈抑而難伸邪黨乘緣而易入衡鑒不可
（七下三庁　退）
不明而執持不可不果也向非仁人必不能舉舉亦必不能先雖見
（甄）
賢奚益是謂之命焉爾矣非真能愛矣必不能退退亦必不能遠雖
見不善奚僨矣是謂之過焉爾矣非真能惡矣用人而無真好真惡則
（側提仍開側筆以與起應）
好賢者不果去好賢者不果去則賢者不果進賢者不果進則天下
（總不贊費）
無由平命也過也仁人不忍為此也

静

哨筆運以古氣。簡潔雄健。尺幅中有萬里之勢。原評

無長語。無贅筆。運机決于簡哨之中。非老手斷不能辦。愛惡對

下舉賢退不善。自用平說。而比類絡脈。愛惡不。平須看起斂用筆

之妙。

此謂唯　　周

此謂唯仁　惡人　秘丕笈

傳旨援古以著仁人之能所以明愛惡之得者也夫仁人之能愛人惡人也古有言矣傳者援引以稱之若曰得愛惡之正者固如此且幸天下者皆有進退賢奸之責而吾獨企慕一人以為不可得非其權之有獨隆亦其心之有獨至也以能國家之心作舉材以惜舉材之心黜奸以事則相反而意實相因夫亦自行其無私而天下遂以樂誦其能事矣即如仁人以娼嫉之故而放流屏逐之如此則知此仁人也既有予奪天下之勢豈無包含天下之量哉一二不肖而優容之矜全之亦足以同歸于忠厚又何必勞勞焉重煩懲創之如此也此仁人也既有愚

（從上文剛警出此謂言其筆不軟）

天蓋樓偶評　大學　癸丑　大題觀

感天下之權豈無變易天下之術耿一二大賢而敦崇之厚禮之亦是以徐化夫僉壬又何必譁譁焉深加痛疾之若此也一此必未即仁人之至意而深惡之也今試思之則仁人之專行其忍即已兼行其慈也安天下者有數人危天下者有數人吾有用舍之微權而不必一特並著其迹乎之野無遺賢朝無容奸此所謂有殊衆之仁乃有異衆之愛惡也是道惟仁人能辨之也仁人顯用其嚴刻即已隱用其寬厚也其也可以治天下其也可以亂天下吾有抑揚之深心而不必與人共明其意卒之羣賢無所消阻奸人難以倖進此所謂有全乎人之仁乃有全乎仁之愛惡也是道惟仁人能行之也一從來一小人在朝衆君子去之

行閒有浩氣屈盤

叢論昌達

而不足衆君子在朝一小人敗之而有餘故急于愛則愈不辯緩于惡
惟仁人以能舍者為能取而黜陟之遠猷以弘則凡愛惡之偶有當
擊二節尚是時 此
于仁人而究無當于仁人者下特可以仁人之愛惡正之也哉從來進
賢務決始可以罷小人觀望之心除惡務力始可以堅君子効用之志
故深于惡即其所以深于愛也唯仁人以能錯者為能衆而彰癉之大
法以昭則凡愛惡之一無當于仁人而且大遠于仁人者不皆可以仁
人之愛惡鑒之也哉

此申言好惡之極至仁人方能得其正從惡見愛即絜矩之道但言
惡而樂只節兼言之也蓋人情公私于所好處看不若于所惡上看

天蓋樓偶評　大學　癸丑　大題觀畧

大題觀止　癸丑　大學

天蓋樓偶評

更分明極盡。此義之所以成仁。而公私之界。分于義利。故筆不又深
言以重悪邊說入。正得此謂緊接語脉。而高視闊步。又饒有大家風
力。

此謂唯　　祕

此謂唯仁人為能愛人　張　翺

此謂唯仁人為能愛人

張翺

仁人不棄人，其愛者即是已，獨歸其能焉。夫仁人絶娼嫉如也，此仁人所愛人，此愛人所以唯仁人為能耳。且自古無不愛才之人主，特患愛之無術，而才遂不得為人主用，則雖曰抱此需才孔亟之心，以告天下，謂賢士大夫能從吾游，若吾能尊顯之，卒未聞有起而應者，豈人主不愛才之咎哉？夫先未審吾所以用愛何如也。此其事不得不獨歸仁人，仁人于娼嫉放流迸逐如此，此其理至公也，此其情大順也，此未嘗以汲引人才為心，無非以汲引為心也，此未嘗以甄陶善類為念，無非以甄陶為念也。所謂仁人以

珍惜爲汲汲可也謂仁人未嘗汲引不可也謂仁人保護焉到
陶冶也謂仁人未嘗甄陶不可也何也仁人深慮者在此曲全者
不獨此也仁人之用心如此其愛也蓋仁人自格致以來灼見理
欲之介故于此用情適合其宜人第謂仁人于此塞倖進之門不
知謂仁人于此已開廣進之路仁人自誠正以後既清嗜好之源
故于此　肯悉當其可人第謂仁人于此絕病國之弊不知謂仁
人于此而參保國之謨此則仁人之愛人也唯仁人能知此也吾
觀古昔盛時元愷可以升于朝共仰知人則哲元聖何以求于野
莫非佐事惟恐豈拔茅以類與擧主聽之聰與論皆謂此千載一

時難為繼也。蓋人才若斯之難也。然而大蹇朋來。進真朋也。并湛
不以民心悅矣。古來陰疑必戕。碩果徒存。夫詎無才之患。良以愛
人者未得其道耳。君子觀昔帝王而知方正能容。致此非無由也。
仁人其亦謂此歟。英主籌計每出人情之外。有時才足以謀國。智
足以安邦。而一裁于哲后。孤衷已以為此非異人任。而所愛別有
屬矣。聖天子精明藻鑑。有高出天下之識。而後能援天下之奇其
愛人國。有陰用其能于愛之外。而人不知。一朝宰輔動関元后之
神。惟是德足以孚萬民。功足以扶萬世。而一入于深宮。寤寐若不
能一刻去諸懷。而所愛乃誠摯矣。聖天子帝力無暨。何洞觀于

之意而欲能儲不世之英其愛人固有陰用其能於人之中而人不覺夫此愛人之仁人非放流娟嫉之仁人哉其成厥愛也能惡故也

此題不從放流迸逐落筆則此謂字無着若發揮太過則又占下能惡地步極難下手是卷理真法密一片机行于一切近君子遠小人泛語掃除淨盡不必馳騁議論自尔抱負不凡是為妙手

此謂神理從上文看出文不粘不侵而於此謂語意無不脗合允稱傑作　蘊山

此謂唯　張

此謂唯仁至　命也

山東彭宗師取入　楊　賔
登州一名

仁人以惡成愛未仁者已不能愛人矣夫能愛人者必其盡乎仁而能惡人者也彼見賢而失之命者不已未能愛人乎且平天下者未能有不急於用人以示其優容之意者也揭有所至優以大為之容必有所甚刻以嚴為之防蓋能絕夫防乎人之人自能用夫容乎人之人乃欲用夫容乎人之人而不能急以用乎其人則雖未嘗不用其人而寵不可謂真能用人之人矣一如仁人於娼嫉之人放之流之而且迸之何惡人若此哉蓋天下有君子必不能無小人而國家有小人必不能容君子苟於小人稍容實姑息而欲其廣為薦剡意於

發進使君子共慶夫彙征之吉也其又何能哉而於是知仁人之所
以用其惡矣而於是知仁人之用其惡正所以善用其愛矣從來親
側落簡潔
踈不能以並行惟所踈在此而後所親在彼世有仁人之惡而人之
從惡字看出愛
望而生畏者此也而人之羣而生感者亦此也從來厚薄不可以兼
施惟所厚不敢稍假而後所薄不容稍寬世有仁人之惡而人之望
風而避者此也而人之奮庸而起者亦此也所謂惟仁人為能愛人
合一筆頓挫下逐順風揚說不可遏抑
能惡人非謂此乎且夫天下特無有仁人之以惡為愛耳假令天下
亦作側勢逆下
皆仁人吾知去一不賢而人之賢者必且見之恨晚絕一不賢而人
旋下疑于無縫天衣
之賢者必且樂之恐後寧有見而不舉舉而不先甘蹈慢覽之譏者

哉而奈之何竟有自處於命者矣有賢而未之見雖有愛人之心然知何耳業已見矣徒擾生靈之害當亦仁人之所不容自已也而胡為恝視乎其人也有賢而不欲舉雖有可愛之人亦無知何耳業欲退矣胸臆心膂之柄當亦仁人之所不容稍緩也而剋期急進乎其人也若此者謂其不知愛人焉不可也而謂其能愛人焉亦不可也使其知愛人而即能愛人則人之可愛者為所愛而人之可惡者亦為所惡矣而能愛能惡者豈必獨歸仁人乎哉

居然秀而法亦上乘

逸上自然

開拓有未

朱云嫩上點清不相真是好手

用筆光昌打轉亦極靈妙　原評

疏爽不羣

第十二册　卷三十五

此謂唯仁　命也

山東彭宗師科入 登州府學一名 楊蕡

仁人以惡成愛，未仁者已不能愛人矣。夫能愛人者，必其盡乎仁而能惡人者也，彼見賢而先之命者，不已未能愛人乎。且平天下者，未有不急於用人以示其優容之意者也。顧有所至優以大為之容，必有所甚剋以嚴為之防。蓋能絕夫防乎人之人，自能用夫容乎人之人，乃欲用夫容乎人之人，而不能急以用乎其人，則雖未嘗不用其人，而究不可謂真能用人之人矣。如仁人於媢嫉之人，放之流之而且迸之，何惡人若此哉。蓋天下有君子，必不能無小人，而國家有小人，必不能容君子，苟於小人稍容其姑息，而欲其廣為薦剡急於登

曲折如題

深悉所愛相

大題

（題有識）

進使君子共慶夫彙征之吉也共又何能哉而於是知仁人之所以用其惡矣而於是知仁人之用其惡正所以善用其愛矣從來親疏不能以並行惟所疏在此而後所親在彼世有仁人之惡而人之望而生畏者此也而人之羣而生感者亦此也從來厚薄不可以兼施惟所厚不敢稍假而後所薄不容稍寬世有仁人之惡而人之望風而避者此也而人之奮庸而起者亦此也所謂惟仁人為能愛人能惡人非此謂乎（順勢而下）且夫天下特無有仁人之以惡為愛耳假令天下皆仁人吾知去一不賢而人之賢者必且見之恨晚絕一不賢而人之賢者必且舉之惡後寧有見而不舉舉而不先甘蹈慢賢之譏者哉

此謂唯仁 命也（大學） 楊 萴

矧柰之何竟有自處於命者查夫有賢而未之見雖有愛人之心無如
何耳業已見矣社稷生靈之寄當亦仁人之所不容自已也而胡為
恝視乎其人也有賢而不欲舉雖有可愛之人亦無如何耳業欲舉
矣股肱心膂之托當亦仁人之所不容稍緩也而胡弗急進乎其人
知愛人猶見賢
也若此者謂其不知愛人焉不可也而謂其能愛人焉亦不可也使
[illegible]筆其機
其知愛人而即能愛人則人之可愛者為所愛而人之可惡者亦為
所惡矣而能愛能惡者豈必獨歸仁人乎哉

用筆光昌打轉亦極靈妙　原評

取入之故在開講後便迎刃而解矣　瞿瓠穀

妙

二句是成語須如此安着

愛惡無一語乎

此謂唯仁　惡人

賀世壽

以能愛惡歸仁人、于其用惡信之也、夫仁人惡加于小人、正以愛君子也、言愛惡者必歸之仁人、以此、天下有公好公惡之矩、而操以用人、則能使刑罰之權、載之而重、順絜矩者誰乎、蓋嘗聞之、曰唯仁人能愛人、能惡人、以令流迸一事觀之、何若是不貸嚴威、而必為有技彥聖除其蠹也、何若是不少姑息、而必使中國、四夷、分其黨也、天下正不可無此惡、天下正不可無此惡以行其愛、而吾以此得唯仁人能愛人之謂焉、吾以此得唯仁人能惡人之謂焉、愛惡者人情之常、而仁人則以愛惡通之天命不錯、質于宵小、而藹藹吉士得以安意而展經綸焉、仁人所為以中節之和、符未發之中、愛惡者又是非之衷、而仁人則以愛

彼彼是此謂直獻

入同論人

惡遷之是非不貫餕于僉倿而濟濟多才得以肆志而獻壽畫焉仁人所為以三代之直行三代之民也想其禁錮之嚴蓋曰非是則無與究痺惡之大用也而非是即無以寄扶善之深心故天下不以此隘仁人覆載之量而正以此荷仁人栽培之德想其斥逐之遠蓋曰在中國則清明之宇宙必受其毒也而在四夷則所室之善人藉之以安故天下不以此病仁人之剝戮太過而正以此喜仁人之分別獨朗蓋仁人盡格致誠正之功則幾為好惡皆聖學之造其微必以之提泰征夬決之闢郎以之懸正直蕩平之軌仁人握辨治均平之統則形為好惡皆王道之要于極而于此制大來小往之柄郎于此竟新民至善之功天下誠不可一日而無仁人矣不然小人何以空其曹而天下之平不可几

開搧安頓題面便已登峰通篇頤此謂來脈一針不差末路直括
部大學矣

此謂唯　賀

第十二册　卷三十五

此謂唯仁　三節　　趙衍

傳者明仁人之好惡非不仁者所能也蓋仁能用愛亦能用惡〻之與愛不同而其本之于仁則一致命者過者拂性者直不仁耳烏足與能哉且平天下者以好惡同民之心而絜之于用人亦惟其仁而已然而（據仁字作主）白乎仁也雍天下未盡平反乎仁之心天下愈不平無他君子小人之（六節　第三節）辨不明而好惡之衡不定也是故吾不能不推仁人惟仁人爲能〻人（占聯發然　非背二字新而眼在仁者語見論語）能惡人之義當習聞斯言而今有以明著其說耳仁人之愛惡不以一人之愛惡爲愛惡而以天下之愛惡爲愛惡故天下稱仁焉且以一人之愛惡同天下之愛惡而天下稱能焉能愛能惡豈不信然上獨擇仁之

從上文惡人○剔翻入

為道亦主乎愛而仁人之用心宜亦無所不用其愛用其愛自無所復
用其惡矣而謂仁人者必曰能惡人且曰能愛人兼曰能惡人則知仁
○制○題○上○文○又○得○此○補○語○亦○甚○高○超○
不專于愛人而愛無所施乎不惡故以為惟放流娼嫉之仁人為足以當
此言天下有君子不能無小人者勢也然而衆君子在朝一小人以之
有餘一小人在朝衆君子去之不足君子之勢往往不能以敵小人而
○翻○疑○側○注○處○撰○結○下○文○議○論○亦○藏○不○露○
仁人之惡小人即所以愛君子一小人退衆君子可以非我一君子與
衆小人因而屏跡其以為能惡人其以為能愛人兩人主愛君子不能
不惡小人者情也然而小人之過惡常為天下所不容小人[illegible][illegible]哉
為人主所護惜愛君子之情又不勝其愛小人而仁人之惡小人乃[illegible]

以愛小人以君子而用小人不可為小人之福以小人而聽君子未必

非君子之功其以為能愛人始以為能惡人爾而世乃有學其仁而不

即楚勞峰[illegible]欣[illegible]

命○雖○亦○一○串○說○去○執○不○貴○其○偏○側

能者不以其愛君子者愛君子而以其愛君子者愛小人其患也在優

柔而不斷夫下有賢士而不用上有大[illegible]而不除古仁人亦有遺之以

[illegible]

倹其人者而非庸主所可學也亦甚且有擬其能而不仁者以其愛君

拂○性○意○民○足

子之心反之以愛小人且以其惡小人之心反之以惡君子其極也為

乖戾而不情夫同列而形為罪之誅一家而有十六人之舉古仁人

亦有因之而建非常濟又豈亂朝所得擬哉命過相循好惡衡決潰昔

子孫黎民近者禍及身此非不愛其身及子孫黎民也而不能愛其愛

[illegible]樓偶評　太學　癸丑卅八　大[illegible]

西樓偶評

子孫黎民者固不能悪其悪子孫黎民者以至于此也夫亦安危不[illegible]

仁人也

從上文來自應由悪說到愛有下二節在又應好悪平還只檢定仁字處虛用側串之法則上下皆安而議論又極爽警○下二節層次不同只爲粘連唯仁人三句語勢不得不然便耳而意之不平對處自在

此謂唯仁　過也

葉　修

好賢之甚遠非仁人不能也夫愛人惡人公心也仁人能之而命與過者不能何哉小自人陷不能皆利吾國故成吾分而其道歸之蓋人君亦不能蓋謂利吾國者而用之欲取舍雖而其道歸之能者令也媢嫉之人與休休者兼收而亦不得以其身同處仁人之國仁人之情未始於疏放者猶然而必使其國無非休休之人以此知正士秀合能動可愛不必人人能愛其惟仁人能愛之巧佞易饕奢權其於可愛以此人人之所惡是亦惟仁人能惡惡之所嫉離逐於吾前非幾擠日月月公於不能容[illegible]

[illegible]小題[illegible]

則約人欲仁人欲也善然節節者之人非乎持造化之力則不能為然後
惟愛一時仁義之所以嚮一已何時爲何賢者非獨人以仁人之不
無以天下之則以者道也然獨持二三之志以待一時即欲舉之不
志也欲舉而出之仁者也此寧獨人之難得者亦爲命而已矣何也
進退如不得已也固也少舉仕必難矣去就之際之際使之不得天下之則
不量時勢也然顧慎進退之念以示優容即欲退之不能也欲退而
者之不欲也此寧獨惜之惜夫亦謂遇而已矣何也罷疑惟輕固
也乃意在無競焉夫孰繫之而使之不能彼其所據哉非禁人辱人之
惜然能為權而不能致仁之之公故舉也退也為難彼其所挾鍼

非人貴人幾之勢焉能為勢而不能為仁人之勢故先之遠之々為
嗟吾不知吾黨氏謂何吾子孫謂何悲矣君之不可不仁也
能寧變化無蹤順呼逆應此々縮騰巧與力合後學觀之束手咋
香而已矣千子
爾則透發惟仁者能而下節之不能盡自然後則透發不能而惟
仁者能之盡愈醒尤妙在前則以非常人撥大鈞轉後則以天下
見其賢則之不善者不好惡能盡誠正讀矣此而形神不為之開豁者殆
離與悔言文矣

此謂唯仁人　過也

科試侯官一等六名葉夢龍

能愛由於能惡非未仁者所可托也蓋仁人之能愛惡惟其決耳不決而致命過豈不能舉先哉正不能退遠也未仁故也今夫一何貴有仁人以其心之無私耳無私而用之不害其爲行慈有私而言慈無辭其爲不忍必進賢退不肖闢辯之已夫仁人之於媢嫉固放之迸之不與同中國者也非無爲請優容也者仁人必曰退之非無爲延近地也者仁人必曰遠之一時宜當整肅朝野廊清有不見賢見必舉舉必先而沮抑之者誰哉是宜紛紛籍籍乎此仁人　能愛人能惡人矣蓋其理勢之必然者也忠佞共不

消忠言而於佞苟兩不之患者又不勝佞也非盡人之惡
也置之平等屋之下儻而愛已不成愛矣賢奸正不兩立奸人豈
巧於賢人苟並蓄之奸者適足蔽賢也非盡人之寵奸也夫之後
柔情為羈悉而惡又不成惡矣唯仁人燭之於幾先而以妳遂濟
轉之法暢其作人造士之懷唯仁人慮之於事後而以芟薙蘊崇
之思遂其棫樸菁莪之盛則意天下見賢必必能先則意矣
下欲舉而先者之見不善必退退則必遠矣若之何有不能者盡
為進原其心而知牽于私之適成命也溺于邪之至為過則甚
心之來仁也仁以去私為上去私不力則其好善也無由命之

此謂惟仁人　合下節

福建程學院科　考候官十名　盧鄭泓

所愛惡者惟仁人而未仁則不能也夫愛惡何以稱能以其舉則能先退則能遠也否則非命即過矣安得為仁人且愛惡之理原為人心所同然而不知人亦有能有不能〻則無所不能即用惡成愛而無不共見其能不能則一無所能即略愛略惡而究終歸於不能至公與未公之心有以分之也如仁人迸妒賢病國之人于中國之外者何哉誠以其人非賢也儼然一不善也舉所當舉退所宜退非置諸退方何以安君子於朝右此謂海小人正所以尊君子惡人之道無非愛人之方也何也愛不生于愛而生于惡斧鉞之嚴即為華袞

之地惡不專乎惡而歸於愛緇衣之慕乎巷伯之歌蓋其所愛者非漫然愛也寔見其人之賢而愛之也愛則必舉舉々則必先倏忽之念不參於見賢之日此其愛故人人々稱能其所惡者非泛然惡也寔見其人之不善而惡之也惡則必退退々則必遠姑息之念不萌於見不善之日也此其惡故人人々稱能藉曰不能是遴選之典而行於絀修饑渴之殷不生於寤寐可謂好賢之誠乎擯斥之威弗施於當前四裔之擯弗加於去後可謂絕不善之嚴乎此之謂命此謂之過此之謂能命而不能愛能過而不能惡殆與仁人之用心也可知仁則公公々則寄至愛於不愛之中天下仰其慈而併服其智未仁則私私々則

等既見於未見之列天下惜其葸而不諒其明能與不能不大相懸殊乎平天下者其知之

評

搏挽處見筆力之高鎔冶處見脉理之細丹成九轉札透七層原

此謂惟　盧

明清科考墨卷集

第十二册　卷三十五

曲肱而枕之

黃淳耀

冉言貧境即所以就寢前而見焉夫人莫不寢至曲肱以為之枕則甚不磨矣與聖人未必有之而設言之者乎嘗觀一人之身必備百物以養之一物不備則以為不足身資于物者無窮期也然身與我為周旋物不與身為酬酢則人亦終無如物何矣蓋物有非其時則甚緩當其時則甚急者寢之于枕是也舉一枕而其餘于此者可知也物有[illegible]有之則甚無關遠無之則甚有累者枕之于寢是也舉一枕而其大于此者可見也今且食而蔬矣飲而水矣稱此而為枕則枕必以曲肱矣常人不期逸而恒逸貧者不期勞而恒勞蓋至于鄉

嫌實息之後而逸可知也庶幾哉拮据之所不至已然而體有四籍

毋寧剩優處今人所能

用其一則一體煩而四體亦為之不逸矣以視夫宴神閨房者曾不得高枕而嬉焉常人不好情而恒情貪者不好勤而恒勤蓋至乎獨寐寤言之頃而情不免也庶幾哉胼胝之所不及已然而肱有二權

看他對說他人不同淺滑對

虛其一則曲肱疲而彼肱亦為之靡憊矣以視夫棲情簞瓢者曾不

深刻入微可以引人靜悟

得安枕而效焉蓋枕在而以肱代之枕不在而以肱代之舒代也而

說肱即在枕處

人心變矣猶之膏梁在前則反慕乎蔬水及引而置之蔬水之中而仍不顧也推之性於得無有減然而中立抑乎各其為枕而以枕用

每此各有一股打併處今人只是一條路所以簡反得苦也

之各其為肱而以枕用之舒用也而人心又變矣猶之飢渴方殷則

同需此飲食及彼而別其飲食之味而致不同也推之此枕肱無有焦然而終夜者乎身外之物反寄之身內即此悟盈虛消息之机物此處清出前後自不紛外之身反遊乎物內即此見化裁推行之理我之樂雖不在此然而必有以樂乎此也

凡讀詩經當細玩朱註領其曲盡物情之妙一遇論物小題要之曲之依樣刻畫無不觸手名通矣閩庵其用力于葩經者欲何以應付不窮若是

曲肱而　潢

同養公田

粵秀上一　葉煥新

觀公田於八家之中即同養見助法之善焉夫曰公田即在八家中而非私者也則以私奉公同養之義不可曉然哉且王者分田之制圖將公其利於人也然一人既以利公於天下而天下即以利養乎一人顧上有養欲給求之意經畫焉而疆域胥明斯下有同力合作之休耕耘焉而勤勞不謝當此同人于野同人于郊覺其踴躍從公者正不啻用孝養厥父母焉九百畝之井中為公田八家皆私百畝矣此其中有大公之道焉君民之尊卑雖判而公私之畛域何分上既利用為生授廛黎以土地維茲兆姓忍使春耕秋斂時煩主上之憂勤也則效勞容可

綏也此其中有大同之風焉公私雖別乎溝涂而上下亦同此
畎畝上既分疆劃壟興樂利於閭閻吾儕小人忍使問雨課晴
恆累朝廷之隱念也則奉上有共般也吾觀公田之制吾得同
養之義獨是同養云者正以見助法之善也自論者不察以為
亦服爾耕十千維耦者彼噫嘻之詩可為同養之證而豈知田
非井授雖鄉中擾來攘往駿發不遑者皆為私而不為公哉夫
我周之公田實詳於遂人里宰一則云合耦再則云興鋤鋤者
助也正以使其同心合力相助而成者也由是八家之民熙熙
皞皞不以為南畝之饁而以為公堂之躋曰養公田而已不以
為耕作之勞而以為奉養之分曰同養公田而已且夫助耕亦
斯民之職耳時雨既零爰修溝洫協風既至用具耰鋤嗟我農

夫孰不以公田為務若茲之言養者固較之助耕而倍切也辟剛用牛赤緹用羊滋養者有同備以渚止水以防蓄水培養者有同修田疇也而廓廓懍之此黍稷奉天子陰雨祝曾孫具可見其輸情獨切也夫豈夫助斂亦爾衆之常耳白露已降盡與積藏寒氣已收宜咸帝籍莫非王土孰不以從公為先若茲之言同養者固視之助斂而彌殷也服爾耕者有同志侯亞侯旅恤恤乎有終畝之思登朕畝者有同心弗播弗收凜凜乎有棄基之慮出入也而勞苦均之將墉櫛以頌豐年倉箱以供我后猶可憶其羣力相成也夫井田之法誠善矣

回也聞一以　合下節

福建高學使月課　吳　鐘

漳州府學一名

以知相衡而弗如見焉，其弗如之心可用也。夫賜與回，其弗如之故，人未易見也。而知十知二，賜自見之審者矣，誠弗如也。是正夫（拱知字直入，不粘通上句。）子之所深與者也。且學聖人之道者，觀其所知而已。盖觀其所知而後可以定其人之分量，亦必審其所知而後可以幾其人之進取。世之學者，視人知與己知，其淺深之數若不相懸也，而又往往有爭勝（峭勁）於人之思，於是終其身謂無不如人之一日，而實終其身無能有如人之一旦。孰慮賜也而竟以何敢望回對乎（虚扣一筆，截然有法）。夫賜與回之在聖門，聪明穎悟，各負殊尤之姿，當世之望之者，固以為是兩人也。其真相如

本朝直省考卷篋中集　論

者也及門之望之者亦以為夫子也其庶幾如回者也即聖人之望之者亦且以為吾黨之可與共知回者無過乎賜而特屬賜之自命

考亭云夫子無愛於賜[illegible]貴[illegible]說[illegible]正是此意

為已知回則隊止於弗如回也乃令何敢望回之言脫然出諸其口而無難焉賜非樂為謙抑也賜非漫為推服也蓋嘗退而內考吾心之知又退而實驗吾心之知於聞之時而見其弗如遠甚也何也回也聞一以知十賜也聞一以知二也夫學者之於聖人也樂其有聞也而學者之聞於聖人也貴其有知也顧聖人能使學者之皆聞而不能必學者之皆知以回受聞回之聞無所逆於其知以賜受聞賜之知若有距於其聞如乎賜如乎學者能竭出其力以參取於聞而

諭

不能均出其才以多取於知回之知在聞先故感乎聞〻應然者無方賜之知在聞後故觸乎聞而推測者有限如乎弗如乎維賜誠自以為弗如也而或者疑焉學者之求道也欲其如也非欲其弗如也乃知十知二何若是之懸殊也而今而後賜其竟以弗如誘乎哉然非也天下未有既深明其弗如而背安於弗如者也亦未有既自居（翻然而下）為弗如而甘終於弗如者也維時夫子以為吾黨之可與其如回者信無過乎賜也遂從而決之曰弗如也即轉而許之曰吾與女弗如也決之者所以諒其言之不誣許之者所以明其心之可進且決其弗如者以回為之的而使之識所尊許其弗如者以身為之誘而使

論

之無所阻夫學者於聖人之道非知無由入也顧知之得於天者雖不容强而知之成於人者乃不可量賜乎而今而後其庶幾如回者也匪特庶幾之而已亦即與如回者也二與十又何限焉嗟乎是豈世之學者視人知與已知從乎不悉其淺深之數而妄欲爭勝於人者所可同日語也哉

凌空振奮老逸不羈按之題節正復不失尺寸健筆縱橫無煩繩削也

回也聞一以　合下節（論語）　陸師

回也聞一以　合下節

浙江張撫臺月課　陸師
歸安縣學一名

衡所知而弗如見為其弗如之心可用也夫賜弗如回以所知較而明然矣不謂賜能自知且自居也予故取與之從來英敏之士未有不挾所知而好上人者也然人之所知各有分量苟不審夫人之知何以越于己之知何以殊于人而漫以為上人則夫自以為上人者之寔未嘗上人也且自以為上人者之終不能上人也賜以為不敢望回乎夫不敢望之必其不敢如之也吾觀夫賜以聰明自擅久矣毋論賜之自負以為如回莫若賜即子之視賜亦以為惟賜可如回無論異日之賜必如回而後決即今茲之賜亦不如回而不安

○挽○題○緊○快○

○帶○起○如○字○

○側○字○下○節○亂○

本朝直省考卷篋中集　論語

乃賜忽存一退讓之念毋乃非夫子與賜之心乎非也夫賜之弗如
蓋嘗以聞與知驗之矣義理之投回非加多賜非加少與之間一也
而心思之發同若答之賜甚限之一則知十一則知二焉夫知十者
（精類斷木）
坐照而有餘知二者揣度而不足孰勞而孰逸如乎弗如乎知十者
知在聞先無微之非微知二者知在聞後推測以為功孰淺而孰深
（接法有神）（即轉入甚字去）
如乎弗如乎弗如也則真弗如也顧誰則自知其弗如哉夫以所長
（仍）（緊上說方一斤）
歸己以所短與人方且以為己能知十而人僅知二孰能乎心以相
較誰則自處乎弗如哉夫人有長己忍掩之己有短己必諱之即賜
知人之知十而猶且以為知二即明知己之知二而且以為知十孰

是降心以相從甚矣賜之於自知也甚矣賜之能自居也夫賜者深
爲賜解方且惡聞弗如之說以爲賜何竟居于回也不知賜苟自以
曲折條達
爲如回將終身無如回之日而今已知其弗如矣天下有知其弗如
而甘于弗如者乎是賜者重爲賜惜方且樂聞弗如之說以爲賜將
对法靈云
終居于回也不知回之初亦嘗弗如人故能有勝賜之日而賜今以
爲弗如矣天下有處于弗如而終于弗如者乎宜夫子之亟與之也
打轉上力
今而後賜其庶幾如回矣夫弗如正如者所必經之路安在二之終
爲賜而十之與爲回耶今而後賜其真能如回矣夫如者正弗如者
所力追之境安在回之知十不開其先而賜之知十且踵其後耶

一片靈異之氣。夭矯盤旋。故能通幽濟險。李鶴君

上下滚成一片。更無痕迹可尋。空明飛動。滿目靈機。

回也聞一　合下節

宜興楊學師月課本學一名　謝方琦

較所知而若歉焉聖人所深許也夫回賜之聞均也而二不如十賜知之矣宜夫子與之且世有智者為能通天下之故乃兩智相遇必有一長而好上人者往往掩人之長而忘其所短識者惜之謂其學自域乎抑將長自域也（醒兩弗如句）蓋其內已盈而莫加也而子貢異是昔夫子以回較賜而賜曰何敢望回夫聖門有回又有賜其聰明絕殊相肖也而回也恒莫則其沉潛之致而賜也且日出其穎悟之才並列（伏筆輕斂）齊衡誰謂賜也弗如回者然而賜自知賜抑又甚知回也則嘗核之於所聞矣則嘗衡之於所知矣則見回之聞一而竟知十矣則見賜

之間一而止知二矣夫人身心不緣至之處亦極無涯耳聞一矣引其端能窮其委乎乃引之而觸窮之而慕之或秘也何其[illegible]也賜也即有所知不過聞之觸類而長而不加多也方之於回瞠乎其後已夫人識昔不相知之數紛紛皆是耳聞一矣舉其始能見其終乎乃始之而即終之而無復留餘也何其神也賜也借曰有知不過聞之相推而得而亦甚無幾也較之於回用謝不敏已是則由一而十而已得其全回於十之中不遺其一由一而二而適得其偶賜於一之

機上載右顧宋實便為下節作勢

外僅增其一將欲積二而為十始已不勝其積也將欲從賜以繇回無論不能得全抑且窮於得半也而夫子曰有若賜言賜優也乎哉

賜然也夫子已知其然也女非回匹我亦云然矣賜勝也誠哉賜遜
也夫亦甚樂乎其能為遜也人苦不自知女今乃知免乎凡人蓋志
不必居人後而衡材不必處人先後者愈而先者矜也女豈自安于
忘者所慮勝已忘人則當前無非止境耳乃女也以人律己而嫌奪
爽然賜乎其中虛矣虛故能受也吾自此其將俟女矣凡人未然者
必爭其有餘而已然者應見其不足見有餘則思勝人見不足斯能
自勝也女固樂爭其勝者所慮足已無求則意中已先自盡耳乃女
也退然讓賓而不禁皇然賜乎其中餒矣但將彌銳也吾自此其終
望女矣弗如也吾與女弗如也乎之勵賜者如此夫回自以為弗如

上下當

聖故歟其知而知益神當年博約功深高堅曾發喟然之嘆賜自以為弗如回將渾其知而知彌睿彌日精微穎悟性道不發推測之能則謂夫子之進及門皆善用其弗如之機也可

細意熨帖乃爾雋妙才人故不可測　原評

刻畫雋異妙于語言才如應婁雖復明青擬諧公無能為役也

第十二冊　卷三十六

朱張　　荊琢

紀逸而傑次其名可以得其人矣蓋張之逸後人不知其所以逸者云何記者於逸之中定其次則亦可即此以得其人也且古之逸者皆非有[illegible]也於世其行事之傳與否後之人緣其行事而有可論著與否古不得而知也夫豈謂行事不傳而無可論著其所論輯時果獨於此為逸者乎哉蓋古人所設心措意者獨有逸耳有逸之實不當沒其名而存逸之真不當失其序則記者於張之齊仲逸之後而次以朱張要非無見也且夫朱張者其行事固已不傳矣吾亦惡知夫當時之迹不傳也其不傳而無可論著

矣吾人思知夫論著者之不可罔其所及以該其餘也是則朱張
作將下文法字精神
之與凡為逸者將無同而吾有以知其不盡同者何也今夫古
本節揭論為下文作人並舉伏案
之為逸也必有其耦非其有所緣而附也而性情之所近則雖時
地相去而後人屈指皆得連而及之故凡為逸者皆有耦也
得間　妙論
張獨無所耦無所耦而耦之者愈多夷齊而下皆其耦也耦其名
於逸民之內而不敢畧所為有逸之實而不沒乎其名也而朱張
之迹於此可得其凡矣古人之為逸也亦有其次雖其有所標
熔可
取也而位置之所定則雖時代可稽而後人記錄不妨倒而置之
不可　叙夷齊于叟律之
故凡為逸者皆有次也而朱張次不即次不即次而次之者愈維
之前可見

仲逸而下乃其次也定其次於逸民之中而不敢背亦謂存逸之
眞而不失乎其序也而朱張之所以逸於此可窺其微矣爲其凡
而朱張逸也視夷齊諸人不作優劣之觀也謂其行事之不傳而
已傳可也窺其微而朱張自成其逸也視仲逸諸人當在彷彿之
間也即其論著之偶及偶不及無不可也蓋自吾子俯仰古今而
自出所志而張之有所不可以成其可者已在夫子斟酌中矣如
謂沉淪韜晦使吾子不能措其詞也則豈朱張而外皆有心自見
於世者哉

下文論逸民皆兩人並舉上文叙夷齊在虞仲之前皆可尋題

之間但非明眼人不能耳許思快論風發泉湧其妙處只有吾

求題間也。原右側

無數精思妙義只在章內白文明光得之吾欲書此篇本以詔

世之讀白文者

朱張

吉文宗歲試取進
長樂季第[redacted]名　陳金漢

逸有僅以名傳者乃真逸者也夫朱張之為人固無可攷也而魯論預記其為逸民君子曰此其所以為逸與嘗思名者實之賓天下之有其名者大抵有其實者也不謂遐稽芳躅姓氏空留緬想高蹤遺文莫誌是豈無實之可據歟而何以祗傳其名也魯論所稱逸民固有伯夷叔齊虞仲夷逸若而人矣夫伯夷與叔齊偕隱採薇著其歌虞仲與泰伯偕行採藥傳其事高風亮節表著人寰以視夷逸之寂寂無傳者何如也然而逸民中之無傳者非特一夷逸也又有朱張其人焉夫朱張何如人哉既非功名之士又非

石隱之流而竟名字寔徒混跡于湫隘囂塵問其
居稽其人問其行事群相傳為美談者乎無有也此亦
逸哉而不知非也今夫人苟有一言之足取片善之足錄聞者猶
津津樂道之舉之口筆之書以示無忘賢如朱張其生平嘉言懿
行尋知有不可勝述者奚至湮沒無聞若是乎則是非無可傳也
蓋不欲傳也吁此朱張之所以為逸歟以是知盛德之貌若愚闇
淡衣冠自含章美潛德之光必發落寞姓字倍永馨香又何必追
介節于首陽繼芳踪于荊楚始得與夷齊諸人並稱為逸哉及觀
夫子論斷伯夷叔齊以外獨不後之焉殆亦深知其志也夫

歲入倣官
縣學一名葛士琦

朱張柳下惠

名以逸存與傳以地傳以謚者並列矣夫朱張之為人不可考而
柳下惠則地與謚俱傳均之逸也故並列之今夫論逸者未有不
詳其人之巔末而逸之也至其人渺不知何代之人則達士之生
平弗著亦未有不因其人之肥遯而逸之也至其人大不類石隱
之人則賢豪之淪落非真抑知若節可與簡冊輕刪其姓氏而幽（直是史）
人吉作吏聊試於一行獨向不同而用情則一然誌逸民諸人（不合傳）
時則有若夷齊虞仲夷逸而不但已也歟我生之不辰十畝甘于
匏品題者未免盱衡而憑吊之以為紀休光於奕禩所恃記載（從文引今說也牽與）

之明也乃展卷寂然則太上之風流更直躡冥鴻之高致此心

不欲人知望古者不禁欷歔而贊歎之以為棄功名于脫屣非

斷可維繫也乃宗邦留戀則半通之託跡皆虛若朱張若柳下

惠又何以稱焉名因事而後盛無論當時著績歷千年之俎豆而（朱張不在論列之數設想）（此此從）

猶有馨香即所行之不遂終決然而舍去山之深林之容詩書中

不昭昭可攷舉乎奈何錫嘉名而行跡竟邈焉其難追也蓋彼既

與世而相遺原不樂以一字掛人齒頰後有知我將并此朱張之（轉合逸民）

名而沒之其心始不留餘憾也已官雖卑而亦貴無論德教可師

（此此從柳下惠不當在逸民之內設想更奇）

銘諸累世之旂常而欽為公輔即徵升斗以折腰假養安於仕隱

福建試牘

帶之舞綬之若編珉中曾落落有是人乎又況繫地望而易名且煌然其有典也蓋彼既位置之未嘗正不嫌以一官寄其嘯歌後（方見得是逸民）有鮮人能從其柳下之風而溯之其神已遊若山河也已雖曰烟霞成癖而銷沉岩谷究（此比從柳下二字設想）非人跡不到之區乃棲息何鄉家乘國史交闕也則朱張之以名聞即朱張之以名逸也間斷篇塵何自覓芳蹤于剝蝕摧殘之後雖曰公族既衰而受命展禽（此比從朱張二字設想）且有嶙封想望之乃姓名自在學士大夫罕稱之則柳下惠之以謚存即柳下惠之以謚逸也室邇人遠猶將裒高情于春風和氣之餘嗣是而有連者不又逸民中之特奇者乎

論語

空中設想互映有情小題中具此精神力量已屬難得尤難其

圓勁整齊

朱張柳　葛

先之勞之　無倦

康熙壬辰　徐永祔

王[illegible]不外乎身修之以盡己矣夫苟以身行政則惟先勞兩端耳無心[illegible]終之豈更有其可益哉且夫王者之身天下百姓之[illegible]也而王者之心天下萬世之心也知此意者治要其全原無多事而王事最深未嘗非持久不弊之業又何煩議政者之過為後慮哉子路問政矣夫人心風土之原在朝廷不在草野

有而詞致特圓渾

分領上下人所同

民志民力皆為吾用而君師之責則以重矣百年必世之圖在精神不在運會已安已治皆為吾患而明望之憂日以越矣子于由之問而告以先勞也豈無說哉小民之醇頑豈小民之性情為之

寔國家之教化為之故太師陳風在天子時巡之日此事當非司
敲是身字
徒樂正一設官而可畢也洎中自為其學問而教孝教忠之本不
藉孟春之徇路而比戶可封則政之所謂先之者也小民之勤惰
豈小民之婦子為之寔國家之勸課為之故典重三推在天子履
畝之日此事當非司農司會一振作而無餘也堂上咨嗟于父老
而迎貓迎虎之後豈盡順成之可蜡而憚人寡務怨則政之所謂勞
透起下截
之有恕之君故以上興也勸課時聞也先之而民頑可慮民醇
亦急勞之而民惰可儆民勤亦可儆身力與之周旋神明與之
直走無倦本覺軒蔡氏說而勢特淩厲
終始矣乎焉豈倦勤哉出之誚益得毋有倦心乎子曰無倦非益

于先務之外益之于先勞之內者也王者不敢一念與天下相苟安（名雋多許）即深居亦瘁也振民行而修民事原無作輟之殊時中于倦而王事不紛則先勞必終為粉飾故明倫勸耕之典聖主罔弗殫其夙夜精力之力令斯世覩吾治而愚見吾心而服且王者無一事不與天下共長久即揮絃猶未也（琢句耐人咏賞）復民性而治民生原非旦夕以卒圖乘于倦而大業不遠則先勞之意雖以觀成故井田學校之規聖主亦第畢其教養斯民之事令後世讀吾書而治得吾意（思之清澈）而興要之合千萬人之身為王者之身即合千萬世之心為王者之心政至無倦為之政之先勞者言之抑為請益之子路言之歟（一典、警、處應、）

先勞倗彪語。習聞厭見。斯獨工于運掉。不為煩手淫聲而意義都盡。最自耐人咀研。中間順流而渡。轉旋湊緊。天然入節。

先之勞　徐

先立乎其大者　三句　　秦道然

能以心爲主其人斯大矣蓋大固能制小而小又能奪大也是非

○先立焉不可大人之所以爲大人以是乎孟子若謂天與人以

心而耳目之用隳之是耳目本爲心役而非爲心害也乃嗜欲之

人心所以秦者書之七自無乃

端紛然而起於是爲心役者適以爲心害而日入於小人之歸

○名○之○指○章○五○段○中○發○明○旨○意○數○語○顧○得○大○指○

○撥明

此其咎豈徒在耳目哉不審乎大小之分而所以宰制羣動者無

呼二一筆精承

○其道也然則大人之所以爲大人果何如乎但因耳目之足以相

累而並其隱微其明以爲吾心之累必如是而始復也吾見其推

恐有累之心爲累轉甚矣使謂耳目本不足以相累而任所視任

所繫以為吾心之用本如是其自然也吾見其自然無累之心為
累更深矣若洪者嘗不知心之為大而無以立之故也必也立
之於靜則寂然不動而存養為甚密也夫聲色未交似小人亦同
其靜然必有將迎意必之私入焉而擾其憧憧往來者莫非其平
日所曾聞之聲曾見之色也惟有以立之而適如其無事之天則
思其逆不及而凡非禮之聲非禮之色俱無由奪之也已立之於
動則凝然不搖而省察為甚精也夫聲色交錯小人亦同此動
及轉而好惡攻取之紛繁焉而失其常常不已者莫非其意中所
欲聞之聲欲見之色也惟有以立之而各安其所止之則則思其

所當思第覺聲還其聲色還其色而莫或奪之也已是故均是心也而惟先立者能盡乎心之量所謂致中致和者此心也其心為致中致和之心則其人為能位能育之人矣均是心也而惟先立者能盡乎心之功所謂盡性至命者此心也其心為盡性至命之心則其人為能參能贊之人矣所謂大人不以是哉

中二比存養省察與中庸首章合誌中若能有以立之則事無不思蓋思字猶在立字後一層必有存養工夫乃是立字根柢文兼動靜講極是大小

理解精細詞氣澄靜真讀書人文字 絅齋

先立乎 秦

己丑房書選志集 孟子 科介庵

先立乎其大者　　辛丑　勵宗萬

大體之不可不立也、為想夫能之者焉、夫大體不立、失其大矣、于其大者而先立焉斯善承天者乎若曰吾以大人為能從其大體

（揄王苦手）（先字）

從也者自其後而言之非自其先而言之也夫功必有所由起惟

（大者）（立字）

即其一身之中擇其至要之處而卑然使之常伸則先務得焉耳目與心皆天之所與我者也頤其中豈容一視之乎夫固有其大

（二比重項其大者三字便透宜立意）

者矣原上天生人之意雖形質並賦而其所鄭重而授之者則在虛靈之體其大者乃秉命之攸存論吾人得天之中雖百體具存而其所主宰乎羣動者則惟作睿之端其大者乃一身之所主是

叅發當立之故

不可不立矣何則大者無體而即寓于衆體以為體是故一往而易流不有以植其基恐其即于靡也大者亦有體而實超乎衆體以為體是故恍惚而難定不有以培其本恐其淪于虛也而其立

二比頓先字

又不可不先物既交而紛然相接何暇更求性命之原則存之者宜預一心既擾而更思澄定又恐入于頹後之吝則察之者宜早而

二比寔發立而

苟其能先立焉則吾見其未事而先養也不睹不聞之中此時所謂大者亦默處于無形而獨能以兢兢戒惧者潛還其淵然不動之天不使至虛者忽襍無形之妄想則不思而能思之體早有以待萬物之來將吾見其臨事而先察也莫見莫顯之中此時所謂

大者將顯呈于有用而于是以慎獨維嚴者力扶其確乎不拔之體不使至靈者旋晦于起念之紛紜則方思而不思之體依然是無物之始萬體之大者雖大而微（立意精闢）微則難立一念偶弛則乍存乍亡本終不固矣先立者始有遵而創之之功一體之大者大而常覺覺則易立一念反求則亡者亦存其本在我矣先立者又有順而（敘來有力）待之之道此之謂善守其官無曠能思之職者也此之謂善承其天能體降衷之意者也此時豈必斥視聽而弗用而小者自不能奪矣

步伐止齊意義精闢文境清徹更如依月當空絶無纖翳

先知稼穡之艱難　陳廷偉

。。。先知稼穡之艱難、　陳廷偉

知有所先無逸之實見矣夫君子固無不知而稼穡艱難尤在所先焉不已得無逸之本乎嘗觀怠荒之世君事與民事常分乾惕之朝民事與君事常合君子之所其無逸何知哉大君之宵旰不止念切乎閭閻而民生其間重也（出此俱目淺宗）下土之經營無不待理于君上而農事其急務也尚先知稼穡之艱難乎以彼曉雲望日而暑雨祁寒不能不聽之于天艱何如矣（清朗異常）惟先知焉綢繆者在編户灼見者已在九重雖艱難之象不可從民見而艱難之心不可不自君存也省耕省斂猶其後焉者耳以彼出作入息而肥瘠盈虛不能

書經文鋭　　無逸

不聽之于地難奚似矣惟先知焉怨咨者在草野默識者已在宮

（每字付待見其文心）

庭即屢豊可歌民或有釋其艱難之時而民瘼特切君卒無忘其艱難之日也為補為救猶其総焉者耳君子之知非親稼穡而始見而艱難之意即當作所而已嚴也況夫氷淵時惕其類于稼穡者槩可知矣稼穡之事不足以盡其艱難而艱難之情尤不可緩于稼穡也況夫兢業時存其精乎稼穡者更可知矣夫而後乃可以居逸也

寫到入情處令人循諷周環不忍釋手絓莼中疇肯下此工夫　原評

淋漓酣暢只在先字内寫出無逸至意筆情飛舞耳目一新

方大宗師歲試取進
南安學第五名 陳肇隆 脩仁

仲弓言語

終舉德行之人而言語又有其選焉夫仲弓簡默人也列於顏閔伯牛後而德行終矣若言語之科不又有足誌者乎夫子以南面許仲弓及聞主敬行簡之論嘗取其言然矣顧因材定品可以進脩饒美於諸賢未聞以辯懌擅長於吾黨蓋人各有所能論德終以仲弓尚矣至於德未可知僅以言揚此亦有所長非勁焉已也陳蔡相從之士列乎德行者既有顏閔伯牛矣吾聞脩身踐言謂之德行之三子者知括囊之无咎懼玷圭之難磨而尚德不德會不聞以空言貽譏於不逮蕭然兵圍之日而獲此數人亦云盛矣

梅巖試草 辛未

然其時更有仲弓在仲弓者天資簡默人也有土而使臣如借則

史記神髓

相上下妙不著痕

與回之農山言志同其才幹蠱而騂角可嘉則與損之人言無閒
同其壽而且伯仲相臨又與耕之危言正行慶一門之濟美也躬
為簡默而名傳洙泗雍不誠人傑哉列在德行之後四美於是而
具著與難亦因以不孤矣顏吾於此竊嘆天之報施善人何爽也

一波未平一波復起

以雍之恬靜寡言而亦遭此困阨詩曰哀哉不能言惟躬是瘁雍

閑合與推語無斧鑿

殆仁而不佞故至此嫩夫當日匪兕匪虎率彼曠野既難纖忠信

小[illegible]

以為甲胄禮義以為干櫓所賴掉三寸之舌解七日之圍庶仁人

紛有筆有書

之言其利溥哉何以絃歌弗綴之中雍祇與顏閔諸人相顧而嘆

亦得於孰及門中多優於德行而短於口才哉不知言語之科亦非無其選也是言語也酌雅稟經可以辭斷是非而不能動諸大夫之聽可以折衝樽俎而不能息二小國之爭豈惟口與戎乃致窮若斯乎毋亦在人者不可知而在巳者有足恃也曩者夫子於

總領大旨緊合

或人論雍而吾以焉用佞此第慎言之方則然耳不然古人有三不朽立德即繼以立言言語之才又曷可少哉吾因有感矣言者

論辨有識說來亦復完妥

行之符故有德者必有言仲弓之不佞非真不能言也不以口給見也若顏子稱言不苟閔子言必有中伯牛行事雖少槩見要不失為風雅人也乃僅僅以德行而不兼以言語若夫亦曰彼之

所長在德行若長於言語自有宰我子貢在也

大宗師容齋方老夫子評　排宕

郯侯景江郭老夫子評　純以議論神行初無牽強之病

業師青莪江先生評　筆勢夭矯如神龍盤空令人不可摸捉

業師貞菴傅先生評　脫盡尋常畦町而氣盛神雄控馭自如是謂鴻文無範惢于川

業師美菴呂先生評　局法打成一片穿插映帶純是古文神景

業師慎菴吳先生評　意到筆隨熟極而巧自生

業師奇菴黃先生評　古氣磅礴不屑隨人步趨作法亦極細密

祖叔羲登　伯敦河　兄蓮波　時心　時甫　時任　仝棻姪　光重　堂兄邦仁　仝評　波瀾壯闊卓然不羣

○○○仲弓言語　魯德升

終乎德行之賢、不必以能言著者也、夫仲弓非能言士也、而德行之科、非仲弓不全、又豈必于言語闡求之哉、且自言揚行衆之典、重于聖世而吾黨掄材久、遂以此二者爲先、爲預有既得其人者、可終舉一人以見行之有獨優、即有未悉其人者、亦不妨先舉其科以見古之有從屬、絡以見聖門多材、而不必于一人求其備也、陳蔡諸賢其列于德行者既有三矣、闡之有德者必有言、亦以三子之德而文辭不出、擬行與德行亦有全有不全乎、雖曰吉人之辭寡、然以干戈擾攘之年、然一議而不能文、遇一事而不能斷、其何以善全無患也、則德經與而列德行之科者、惟是應對夙嫺風雅、良命專其先前

而載後焉乎而記者不爾也又舉一人焉曰仲弓嘗考夫人之論輔
相者顏淵而後次及仲弓意其為人當亦不在顏閔冉子下而奈何
波折自好
陳蔡之從曾不明出奇速策以脫夫子于難竟碌碌衆人為伍倘亦
德有餘而才不足者耶而要其親聆教誨之傳獨受南面之使則其
徼上德行　反把言聽
列于德行尚不誣矣而或者曰雍固仁而不佞者也當流俗訕許之
目而予獨以為用佞許之意者德音自矢原不必相競以才華而游
行是踐更不必徒矜其肆好言語之末固有所不必論歟然吾觀帝
未也風
述之節事也藥曰考言王者之明試也高勤敷奏即如陳蔡之難亦
老不便利害
必使人至楚說以利害然後聘王以師來迎不然恐七日不解之圍
一鎖有力
未必盡驛參之所能化也然則言語之功蓋可忽乎哉使當日者頤

仲弓問仁　全章

劉巘

合敬恕以自考其心、賢者以仁為己任矣、夫有敬恕之力、而又驗諸人心之同、則求仁者切且實矣、非仲弓孰能身任之哉、且純乎理而無私意之謂仁、則必盡去其私而後仁之體可得而見也、然存於內者私易得而匿之也、施于外者私易得而穢之也、卽用力于內外之際而不能協此心此理之同、則所以自克其私者尚未能純且密也、此求仁之所以難也、夫子因仲弓之問仁而知其具莊重溫厚之姿、不可不加以持守推行之力、則操而存之有其要、發而用之有其方者而徵之必有其驗也、從而告之曰、仁以其體言之、則心之德是也、

（發私意無所容之意）

（承上所謂此六句須作一片看）

（籠胃中六句）

（[illegible]）

本朝歷科小題文讀本　論語　康熙癸未

然所以將養其心者有斯須之懈焉則心之德將有放蕩而不能存
者矣其必主一而無適即一出門之頃如肅將乎五贊焉即一使民
之際如對越乎上帝焉無非敬馳軀也無人敢戲豫也夫心苟不能
自存焉則所發者皆安而不實矣此主敬以自存其心而盡心所以
為仁之本者也仁以其用言之則愛之理是也然所以敷施其愛
者有纖介之隔焉則愛之理將有窒塞而不能通者矣其必推己以
及物而以己之所惡者務絜度乎人焉則決去乎人心之所惡者
務適如乎己焉心無一物之不周也力無一事之不至也夫心苟不
與物通焉則所存者皆虛而無用矣此行恕以求通其心而推己所

以為盡己之施者也夫既能主敬而行恕則仁之體立而用行于是
年肅恭之至而雍和之氣具焉公溥之至而性命之理通焉若邦家
使以自考意
未盡慊其隱必敬恕未克極其純所以考驗乎心理之同然而決諸
邦家無怨者蓋特敬以求至乎日躋行恕必畢幾乎無我夫然後感
敬恕功到此方徹
德中禮充之為德輝之動人公道顯行讓之為萬物之一體則私意
盡而無非天理之流行而仁存矣蓋雍也自知其材質之所至足以
力行乎敬恕而有立體致用之功亦足以無愧乎邦家而有體信達
以[illegible]坤道結
順之效此仲弓之請事不辭與顏子同一揆也蓋健而不息者回所
以閑邪存誠也順而有常者雍所以直內方外也要其歸則一而已

矣○
字ミ諦當○言無枝葉○直是看得道理透徹○朱子所云似一片流水
注出者○此章之解○即此文之謂○邦家無怨二句○最講得精神○朱
子謂若只作效驗說○却幾乎鬧了這兩句○文正見得敬恕到這裏
方是充足飽滿毫無虧欠也○ 吳荊山
說發恕效驗遂傳貫流○却自通篇串合○深得朱子六句須作一片
看之奇○不獨結構緊嚴也○ ○韓氏云○不敬則私欲萬端○害仁之體○
不恕則徇己遺人○純仁之周○王氏云○主敬則內有以全其心之德○
行恕則外有以推其愛之理○踐上四句○本此二說立柱○最為確當○

敬恕工夫亦自看得一串矣

仲弓問　三

劉

仲尼不可毀也

湖南阮宗師科覆
益陽學一等一名蔣　縹

絕人以毀聖之端爲之嚴其詞以相戒焉夫使仲尼可毀不自武叔始矣嚴其詞以戒之仲尼可毀乎抑不可毀乎武叔其亦可以自反也且論人者不審其人爲何如人而漫肆其譏評以快一時之意將欲以誣人哉抑亦先自誣矣夫公論自在人心耳道高毀來庸俗人之耳目何足據至德之淵微而必爲矯誣之語以相蔑是誣之之故與受誣之故兩不相合一還念其人當亦爽然失也彼夫毀仲尼者何爲哉人言伊可畏耳然欲加之罪何患無辭是設之托於虛也可自我操之而毀之核其實也不自我受之夫

至毀而不受則不以我為政可知矣譖人亦太甚耳然總人高張

（僉曰滑也字見辨）

賢士無名是毀之工于售也必欲竭盡其情而毀之術于用也偏

若渺不相屬夫至毀而不屬則又以我為政可知矣是何也毀固

有其可不可耳而以論仲尼則直斷之曰不可凡物之可毀者必

先有以尋其隙乘其隙而毀隨之物固不可抑耳仲尼以不磷不

緇之操而自守其堅白之質雖轍遊七十二國亦祇行其所是而

江漢秋陽無不足以貞竊變通久之運直不害舉凡人之所為訕

瀹之者而早為之彌其隙焉則將任吾意以毀之亦大不相肖矣

（清衍巾更見漂洌）

衢奈何以大不相肖之人而強以肖吾之毀乎則吾何忍以毀相

挾凡毀之加我者尤必有以自保其全保其全而毀及之物固無如我何耳仲尼當寡尤寡悔之躬而素標其言行之鵠雖華側二百四十年間究無事不可以告人而金聲玉振適範我於忠敬質文之統於久矣舉人世之所可為吹索者而悉於以杜其幾焉則將幻吾詭以毀之亦轉以自疑矣（吾欲與焉）獨奈何以自疑之事而反以疑仲尼乎則吾何敢以毀相淡蓋天下不生仲尼於羲軒虞夏之世而生仲尼於狹隘酷烈之日是仲尼之予人以可毀者時限之矣夫限於時者必持以道耳自顧我身何事取法於大道乎不能事事取法於大道即不能事事取法於仲尼毀之謂何盡亦早袪其

惑而還以存人心幾希之緒然而天不生仲尼以可毀之身而並
不復生一可毀仲尼之人是仲尼之不可毀者天定之矣夫定以
天者不可易以人耳内省爾躬可事、克當天心乎不能言、、
當乎天心即不能事、克當乎仲尼之心毀者過矣盡亦早悟其非
而還以延世道人心之脈則請校仲尼於他人可乎

驚醒中仍見駘宕莊、乎士也　原評

不可二字語氣硬滾也字語氣悠揚題之身分本高卻不應作
村人罵會此篇細貼穩愜自是妙才　鄧太初

仲尼不可　蔣

仲尼日月

月可以知其高矣夫至高莫如日月也以之擬仲尼彼毀之者直覩日月且夫人日處乎聖人之下而不知聖人是何異于日處乎天之下而不知天乎是故善覩聖人者不必于聖人求之也一仰觀焉而懸象著明固有昭然可見者則請進丘陵而言仲尼吾向覩他人之賢亦以為此真巍然者矣迨遊乎仲尼之門而舉他人之所謂巍然者固皆在照臨之下也吾向見他人之賢又以為此殆不可及者矣及親乎仲尼之教而覺他人之所謂不可及者亦總在帖冒之中也蓋仲尼之高猶日月也日月托處于天之上而天之日月皆得而戴之豈非曼絕者乎以覩仲尼知則生知也行則安行

也舉古今之德而莫不臻乎其極則是日月之象懸乎彼蒼仲尼之道鑠乎千古也均之莫有以陰者已日月附麗乎天之體凡天之所冒日月皆得而臨之豈非至高者乎以觀仲尼德則至德也業則絶業也極古今之隆諸而皆悉備乎一身則是在天之下者惟日月為尊在人之中者惟仲尼為大也比之其為峻絶者一賜也亦嘗望丘陵之象以為其勢尊其體峻而不意日月之猶在其上也彼仲尼之亦若是焉已矣抑賜也亦嘗登丘陵之巔以為履乎巉巖躋乎漁日月之猶去我遠也彼仲尼之峻極亦若是焉已矣而乎不可得而踰乎而毀之者何為也

切脩熟題面題神而曲盡

仲尼日月也　汪師韓

尊聖以日月，固人所共見者也。夫人至仲尼，斯稱至聖矣。在天為日月，而寧他人之賢者所可同日而語乎？今夫秉粹精之德者，超乎聲臭之迹；極形容之致者，進乎法象之神。吾黨奉聖人為依歸，（只言其高，神彩自陪。）固謂車服禮器得所宗仰也，抑知推其詣則已峻極於天，而擬之形不啻成位乎上，以是立生民之極，而氣象為之不侔矣。彼夫邱陵可踰，在他人之賢者亦何嘗不自下以升高也哉？而要不可以此例仲尼。先知覺之負，天縱之能，則靈秀所鍾已早儲彝倫於一氣之中，而獨超萃類，備美富而標大成之盛，則儀型所建更如仰

上湖草堂稿

論語

繞德於太清之宇而特見崇隆。蓋懸象著明莫大乎日月而景行
仰止祈來於仲尼。仲尼何如乎則日月矣乎。日月飛乎天而下土
（十字劉鴻筆）
是冒。仲尼拔乎萃而上律。是崇其極於四表而格於上下者在天
（更精切）
在人。固共茲臨下之有赫。日月繼照於東西而皆兩。故從仲尼建
（樸鍊老、切日月）
極於今古而惟一。故神其陰陽合德而剛柔有體者為紀為量。下
僅同喬嶽之具瞻。以仲尼之下學而上達也。矩從心而不踰。言乎
（妙喻）
易而足法。自人視仲尼。殊覺道不遠人矣。此日月之在天成象而
予人以易見也。乃其昭回之體不已。覺絕乎德行道藝理自有其
兼該。則精義而利用。何必非日月之棲以神也。用行而含藏。知必

非日月之嬗以候也五緯統於二曜而其始非原於層累其終直並於六功巍巍乎所由極天下之大觀而無憾哉以仲尼之不厭而不倦也積憤樂以勵行廣闢見以求知在仲尼自視亦殊卑以自牧矣（妙喻）此日月之左旋於天而常處於不及也乃其丕冒之光不已峻遑乎體用顯微運實周於無外則斯道奉豎於地一日月之尊其教也斯文未喪於天一日月之正其位也萬象拱於重輪而覲光者可得於就瞻雲象者不疑於薄蝕卓乎所由邁一時之思議而傑出哉豈川乘他賢以相校而增長絀長寓乘距觀述往開來自成至詣其度量之相越者要不能以峻嶺高山之特峙

仲尼日

尼揭日月而行，中天即邱陵以相形而百仞千仞鎮地而居尊，有升以恒參天而立，於其境地之懸殊者正不妨以要語長識之，有時見其並日月而光萬古盡神難名而化不測，初無事學山而至山而前無古而後無今已自能待天而久照，仲尼乎日月也人即不知仲尼豈有不見日月者而尚以為可得而踰也乎

胎經息史煙雲相連孔門之賦麃以則故當推公幹升堂　何棹亭師

超以象外得其環中寫日月之容目舒心朗誠尊夫子豈當作井底看星語光彩垂虹霓俗眼一時滌洗　張睛嵐

言高不言明固也孰似此逸駿扶桑之津擦戀金樞之穴　黃佩

仲尼日月　踰焉　　御試十四名　馬世俊

至聖不可加、亦舉其所易見者而已、蓋身處於至高者、無物可以

[illegible]心、況得而踰之乎、觀仲尼者、觀日月可矣、子貢若曰、凡人可援類

以相觀者舉非其至也越恒情以處而智愚有共服之思軼羣類以

升而遐邇有同歸之焰蓋即在仰焉各得之中而已有莫為難及者（擡題）

矣」紅陵巍高特以喻賢者耳曷不進觀仲尼乎德業之蘊藏者不可

名也仲尼進退羣賢而列國人倫之望皆遜處乎一材一藝之流此

筆欲墨舞而出之

雖景彼高山而猶未盡其愛崇之概」學問之蓄儲者不易測也仲尼

裁抑諸賢而吾黨宮墻之慕皆莫窺其為美為富之積此雖勤思崇

效而終未得其攀躋之階」蓋闢二雅闢風萬象皆退聽焉仲尼出而

犀喆皆受成焉。物之有質可循者。循仰皆得以意擬也。日月麗于空
虛。其質何所附乎。經天之象不驗者處其下而以為莫可幾。賢者處
其下而亦以為莫可幾。蓋天下有倚之而後進者。至是而仰所進也。
物之有境可據者。上下皆得以勞絜也。日月位於爰絕。其境何所憑
乎。綿離之體。望者望之而其高如是。高者棄之而其高復如是。蓋天
下有跂及而可加者。亦是而無所加也。即以想仲尼。豈猶在等量之
間乎。品詣之不齊也。彼以為甚峻者。此又以為甚平。故前人之艱難
途而已乎。後人以誕登之路。若仲尼則惟有景企之已矣。無得而窺
其涯際也。進修之有自也。昔以為甚禁者。今又以為甚下。故徒將之
彌難渺而已。開來哲以月鑠之餘。若仲尼則惟有嘆慕之已矣。無得

而軼其升恒馬。即欲踰之。豈得以踰日月者踰仲尼哉。先乎仲尼者。非仲尼無以明日月所以常明也。繼乎仲尼者。非仲尼無以行日月所以常行也。彼對日月而矜丘陵之高則何歟。

卑說丘陵。便覺形容易盡。惟將丘陵先看得高。而日月之高益顯。此皆才識超人處。博大深醇。又無論也。趙子常

雋逸推精。為文家妙境。然李杜才高。更非庾鮑所能彷彿。

贊 塲狀元

仲尼日

仲尼日月也

浙江于宗師月課 馮 錕
平湖縣學一名

言聖以日月過他人之賢遠矣夫日月麗乎天仲尼絕乎人其高
也一而已矣子貢誠知尼知聖哉謂夫守拘墟之見者不足窺絕
類之畛域耳目之近者不能測殊尤之品夫聖之至者體結于峻
超萬類以成奇德拔其羣于衆人以共見則聖人作而萬物睹道
則形而上象可仰而窺也即陟可踰若吾仲尼而豈偶然哉登東
山而小魯聖德其與山俱高乎然麗於地者視麗於天者而已下
則蟻蛭培塿而比泰岱猶恐擬不于倫瞻禮器于尼山奕世有高
山之仰矣然在地成形視在天成象而已甲則且居下土而仰[illegible]

乾綱獨斷而惟肖今夫日月大觀在上而萬物咸受其烘幪鑑華
淵懿崇儒洙泗重輪之光聖于夫仲尼與天爲徒而宮牆自彩其姿
紀綱百王千聖固非一聖所能周一時不階尺土之封未壯辰居之
勢而聖躬之巍煥已絕人寰則瞻素王于東魯直有居高臨下之
觀儀則造巾庸之室默契乎藏之神而至誠無聲陰遂符天象則
懸象之著明並有居尊臨卑之勢華夏開之靈氣而神明卓絕
接造物而爲儔則以大章之煥爲人極之昭而水精總統木鐸
流聲觀復只于天生之德集前聖之大成而德總崇高直闢聾蒙
而特出則以一身之首物匹二曜之經天而宗廟場休百官拜手

頌升恒于闕里之堂振玉聲金一新千秋欲墜之緒而春秋有仲尼萬古乃非長夜耳而斯道未墜于地其居亦卽絶地而升斯文之未喪捨天其行儼若隨天而左出類拔萃獨標生民未有之奇殊泗有仲尼吾黨別有一天矣將上攬下年以後孰留其上下啟一百代惟景行而仰其高在昔也幸游宇下所承日月之光卽吾子亦在域中何勿仰日月之照望而可見聖人不絶目覩之有人而仰之彌高吾徒已數階升之無自其誰得而踰之

風清骨峻文明以健　原評

才高於識識過於學幻文律為獅象葵書卷為雲霞奇情壯采

岌然傲人。陳宗唐

[illegible]然而蛟龍翔。蔚然而鸞鳳躍。鏘然而韶鈞鳴。江輸昭

仲尼曰　馮

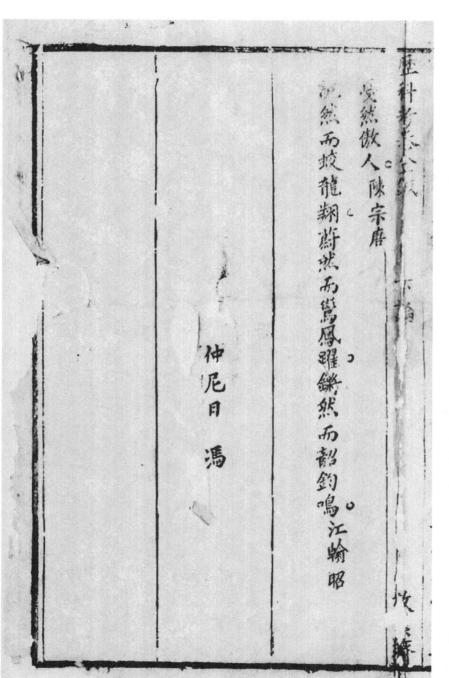

仲尼日月也

擬之言於日月非特如之而已蓋仲尼於日月不知何為至詣何以
（萬公云○也○字○神○妙○）
（萬公云承佰合川一）
至臨也仰之彌高焉爾嘗謂道德為虛位層累靡窮至于懸絕之
（萬公○云○點○髓○理○髓○虛○妥○入○面○俱○到○）
詣賜獨非處其下者乎未歷其境而茫然思所以位置竊恐比擬
（陳○云○取○也○字○於○離○即○間○）
不然然處其下未嘗不仰其高邈然想望而聊為擬之也
（陳云○古○質○）
（萬○公○云○現○成○引○起○日○之○進○別○迢○）
人于過隔也江陵固不足言意僅小魯小天下乎未也岳崔嵬
（遞○洒○落○入○神○三○昧○千○古○絕○唱○）
雲漢踰之雲漢迢遙星辰踰之星辰元遠日月踰之而仲尼之所
（陳云○光○用○）
以為仲尼彷彿得之矣仲尼亦藐焉中處而不特繼不公然物
（倒○点○勞○如○墜○石○）
（萬○公○云○言○下○已○日○月○也○字○）
自全自超然于號物之表何有于壺牛東井之班仲尼且卑以

心水亭稿

心水亭稿

牧而生民者有也則雖儔類皆居自曼然于萬類之上豈僅在

（陳云響遏行雲）（萬公云精真奇妙全得脈理出所以）

風畢雨之列試以日月觀仲尼然臨崇以垂為德性所系焉惟

（然）（萬公云日月仲尼句句合同又化）

建有極則形象胥融蓋日月麗天仲尼合天也詩所謂如日之升

（陳云交關處力）

如月之恒覺猶屬比擬之端耳以仲尼觀日月上聖不可知之謂

（厚思沉能穿七札）

神陰陽不可象之謂精惟誠之至則精神妙合蓋日月

達天也書所謂師尹惟日卿士惟月覺猶是契合之迹耳蓋凡物

（精入題出）

皆自下以至上故難臻于極上苟積漸而上遂以為非常若出

（萬公云實見聖人心體身分）

珍奇之類者不必自下以達轉視極上為不足炫夫日月豈自

（陳云也字筆筆搖曳）

為非常而示下土以震驚哉一仰觀焉抑何可望而難卽耶

皆指卑以為高故莫造于至高苟稍益其高遂挾以自足若括

萬公云對斜戳者而不小則[illegible]

然安之萃者不待由卑以增敦臨至高而不危夫日月亦高懸

並非子貢一人之私言也

天表豈頹人世之愛護哉一麵首焉抑何欲從而末由耶高妙實

陳云到底不懈

符於穆僅指胎然共見以相示則仲尼原非杳冥難覿致惑庸衆

陳云[illegible]字

之是高美誰甘自外乃至如有所立以相招而日月究也

添毫欲活

登能不爽然自失仲尼日月也而乃謂其可踰乎而毀以為可毀

乎

萬老夫子評

法到神來脉真理足能寫人所不及寫言人所不能言為之[illegible]

心水亭[illegible]

心水亭咽ゝ絕

其音响亮其色潤澤其意充實其神超邁寔處博ゝ　精ゝ具ゝ其處

昭融高朗題有是文亦無得而踰矣　陳宏緒

仲尼日月也

廖鴻章

聖不難知、賢者即日月以示之焉、夫仲尼之為仲尼、雖與武叔言也、擬以日月、不以人所易見哉、若曰、凡人未見聖、若弗克、既見聖、亦若弗克見、是非聖之不予人以可見、而人之習焉若忘也、夫習焉若忘、則雖朝夕共見者、而亦若弗克見矣、曾亦思弗克見者之果弗克見耶、毀及仲尼、是直以他人之賢者視仲尼矣、夫仲尼而豈邱陵比乎、世必無識其真而輕為議、見淺見深、在論者初不自知耳、試與証諸耳目之前、而昭然者可得而見也、其氣象固迥然不侔也、世又無輕為議而即損其真、謗焉譽焉、要其人自有定

揣點入神妙得

須上光

領一也字全

神

分耳一為指夫照臨之象而顯然者若或遇之也其地位固卓然
清拔
殊絕也爾大夫不知仲尼乎夫仲尼日月也不倫之擬聖人所不
知此寫來
居夫我固質言之也無象之奇極稱焉而不可為象維日與月斯
領珠已得不待過為刻劃致滿題分
象之至顯者也邱陵而上日與月尚遙遙矣邱陵而下日與月仍
妙是對付武[illegible]
烱烱矣我意夫無象之說之不足以啟人悟也則第與質言之而
已不類之稱羣情所不信夫我固切言之也有方之体極峻焉而
不離乎方維日與月無方之可圖者也日月之下不知凡幾邱陵
矣邱陵之上俱各有一日月矣我慮夫有方之說之不能以盡人
識也則竟與切指之也論聖道之大而能博原非盡人可知而何

發得精彩

弗可知也日月之躔度次舍雖巧歷不能究極于毫芒而其一絲
目而即觀者雖甚無知要不存扣槃捫燭之見耳論聖道之久而
愈漸又豈凡人能喻而何弗可喻也日月之蔽虧薄蝕雖告変未

也字與下句緊相呼

嘗或改其升恒而其一仰觀而可識者共此人寰曾不改懸象著

吸此乃得其神致

判之體耳嗚呼麗天有象萬物盡仰昭回覺世無人萬古何如長
夜爾大夫弗克見聖而日月固朝夕見者也仲尼可得而毀將日
月亦可得而踰耶

日月對邱陵說也字文勢未止日月說高不說明然高字又在
無得而踰句維斗先生評吉士先生文可謂極審細矣墻東老

人作自謂想入虛無懸窈以如此刻劃高字正犯前輩之所訶
也吉士先生文自是後來難及然後二比寀者薈萃厯涉譚浪
子貢在聖人言語之科似不應有此部作無當大方謹志所見
于後以待商確云　自記
細密題分領得頂上圓光與下無得而踰句取其神而不侵其
旋此淩空作意法也通幅清矯不染一點塵俗真能象乾坤容
繪日月光　受業頓宗泰識

仲尼日　廖

仲尼日月也　己卯　麟湖　錢禧

聖之超於賢也、亦人所易見矣、夫在人爲仲尼、在天爲日月、不知仲尼、獨不見日月哉、且天下之人、至不等也、他人之賢者、特賢於他人耳、然已秀出於人矣。稍進而求之什佰賢人而上者乎、大夫不他人之是毀、而仲尼之是毀、大夫之於仲尼、固未嘗望而見也、賢者且不可毀、況仲尼而可毀、仲尼之爲仲尼、又可一望而見也、夫仲尼也、而豈賢者之可擬似乎、將欲擬似仲尼也、又豈丘陵之可擬似之、知人之明、雖不可學、然超乎人而爲賢、又超乎聖而爲聖、若我仲尼知之氣象、已自不侔矣、是故知仲尼者、吾黨亦無幾、何耳、非所責於大夫。

（吞小絕佳）

下論

若夫仲尼之氣象宜不俟哲人而後識也聖德之微固不可窺亦出
於人之類而為聖又出於聖之類而為至聖若我仲尼即其地位
有不同矣是故知仲尼之深者千古亦無幾何耳非所期於大夫若
夫仲尼之地位雖天下之愚人亦立辨也今夫為高於下者層累焉
妙能轉敘斷住口氣
足矣日居月諸則為高於上者也賢人衆人之上也聖人賢人之上
二義敏妙
之瞻望仲尼者瞻望日月足矣夫寐者有時不見日月也高高在上
光於四方寐者亦不昧也今夫麗形於地者總長焉可矣日居月諸
則懸象於天者也賢人地也聖人天也嚮往仲尼者嚮往日月足矣
夫瞽者終身不見日月也明明上天照臨下土瞽者亦深信也唯丘

陵之可礙似也。故為他人之賢者仲尼也。非他人之賢者也。唯其為

（對當分明。）陵故可踰也。豈惟丘陵。（此句尤補得之。）即東山太山亦可踰也。日月也。又誰得而踰

孟毀仲尼毀日月耳。

仲尼對他人之賢者說。日月對丘陵說。也字各拖出下句。不了之

行。仲尼當一讀。也字文勢未止。亦宜讀。只宜句。日月說高不說明

然高字又在無得而踰句。此間又為不得一語。仲尼日月也五字

面圖中間語。不得一如字。置日月於仲尼之前。不得補仲尼於日

月之下。不得類之至難下手者也。此文中比以前單衍仲尼之意。

月後則突接日月。不黏仲尼。日月暗貼高字說。

又存

一種人令當如是。○轉折處。文之波瀾也。然也人

轉折處直突兀無端。跌硬自喜。　楊維斗

此理自吾黨搜剔。始獲漸明。然至楮吉士之文。維斗之評。則諸要已備。可信可傳。後人廢筆矣。　顧麟士

上股下股。位置恰好。恰好者。文之至也。吞吐蓄洩之妙。皆從恰好得來。天下智勇所難爭衡。只恰好耳。

仲尼日

仰之彌高　　程世綬

顔淵歎聖道之高，若因仰而益見焉。甚矣道誠高，仰之或可企。乃仰之而彌甚焉，由其如聖道何哉。喟然意謂吾不意聖人之如此其峻也。初以為用力而非憑，無患其遠，莫即矣，而孰知吾所為企及之心，若祗以增其崇隆之勢，而道之門人攀躋者，固已知此也。凡人無覩聖之識，必將以道為遠于人也，由固知道之原未嘗遠也。乃從其下而溯其上，其一望無際者，又不在尋常心思之。聞先人有學聖之心，必將以道為近于人也，由甚處道之不遠近也，而迫切以求其至，其巍乎莫京者，正向絕言思擬議之表。

康熙甲午順天闈墨

節下語

增補程墨質疑集　康熙甲午順天鄉墨　評語

蓋高甚也于焉仰之則彌高焉、心思之未能專一也何怪乎其高起○浮○有○勢○

哉苟明知其高而萃心思以為仰則存注久而寤寐當有可接之瀾○筆○蒼○勁○

時非道之俯而就也仰之者日上則為所仰者若月下勢固然也

而道則未仰而高已然仰之而高彌極一若高因仰而生而仰乃心○思○悱○惻○

增高之具也未仰者悔仰之不力既仰者轉愧仰之徒勞吾心思神○足○追○求○無○些○處○容○湊○泊○神○

日專注也吾其如此高何也精神之不克自奮也曷訝乎其高哉甚○情○隱○恐○人○語○

若明知其高而畢精神以為仰則顧諟久而形聲當有必通之日

非道之降以相從也仰之者日升則受其仰者若日降理固然也未○下○學○中○求○耳○

而道則作仰而高已至仰焉而高彌甚一若仰乃致高之由而高

仰不愧於天　二節　　任衡　七十八名

君子有自致之樂，令己與人而始全也。夫不愧不怍，固非可以倖而致；而天下英才，又豈輕為我得者乎？故惟君子為能樂此也。嘗思人之一生，惟天倫之樂真足羨耳，外此而言樂，亦何往而得自如者哉？臨之于上，人責之于下，前望已往之聖人，後顧無窮之來

[illegible]勢用[illegible]是亦[illegible]變化

者，而皆于渺渺之身一埤遺之，其為憂患也多矣，而方將于此中求樂焉，不亦難哉？惟其然，而君子之所以為樂，正在于此矣。蓋人之仰于天而不樂者，愧之故也。閒居謹獨，自安謂高高者亦何與人事，一惕心于清夜之觀，而但覺左右之陟降，無念可質對越也。

仰不愧於天　　浙江

不亦踧踖之至與君子者善事天者也踐形復性凡所為全受之而全歸之者寔有以自強于終衛則仰觀乎天依然父母之我怙我恃也不愧斯安〻斯樂矣人之俯于人而不樂者怍焉故也乎日脏于自處謂其〻者胡不如我意一平心于內返之餘而但覺指視之叢集無事可更匿藏也不亦踧踖之甚與君子者能盡人者也履信思順凡所為思可道而思可樂者寔有以自信于日用則俯觀于人皆吾兄弟之予取予求也不怍斯泰〻斯樂矣則君子之為二樂不在是乎而其三則又有進焉可恨者業身負人倫之望而終日與居無非一二庸謹之流遠足以晒吾之道術夫天

之生英才當不乏矣而莫肯遼我ゝ獨不戀然于心耶古之君子規矩自循而及門盡殊尤之器故（老練異常）教之而陶成所及嚴于庠序也育之而長養所施潤于時雨也環顧吾徒而大業不憂其無托豈非哲人之弘願哉尤可慨者業已為儒雅之歸而朋儕雖盛不越尋常鄉国之近遠足以隘我之門墻夫英才之在天下知幾何矣而長此落ゝ我遂謂快然于意乎古之君子一室敦歡而從遊極天下之選故以廣吾教則化栽所被無間山川也以弘吾育則陶淑所周無分風土也縱观當世而斯道自我而日昌豈非儒者之至幸哉匪其樂也罔由不愧不怍之所致而視向者天倫之慶亦

復不減矣君子之樂備此三者故全也

神韻生動可謂剛健含婀娜矣

鄉不愧　任

仰不愧於　三節　　李永華

純乎天倫而言樂，三樂備而樂已足矣。夫不愧不怍，樂在己；教育英才，樂在人。合觀父母兄弟之樂，王天下寧有與乎？且人生天壤間，

使反而觀其全體正氣貫注旋轉如意

使近不能成己，遠不能成物，又遑計門內之何若乎？此心之不樂，抑亦甚矣。是雖遇際極隆，而問心問世之餘，與天倫之負疚俱缺，然其隱憾焉。豈知君子之樂，求其在我，祇父恭兄而外，揔不以人之樂為樂者也。如父母俱存，兄弟無故，此固三樂中之一樂，而非勢位之榮得與家庭之樂者乎？夫然而君子之三樂可備言矣。自

承上反入便能為末節地步

入世之多艱也，庭幃怡融洩之休，而心體之間，或者稍弛其防檢

[illegible]擬秀

孟子

蔡擬秀　孟子

卽監觀有赫指視援嚴此仰而愧俯而怍忸怩之所以叢集也而君子則上以全賦畀之理屋漏無慚下以宏胞與之懷大廷無忝

正面寫切實不漏

至是而勝下有隨之悅豫因天人之悉協而益暢其形神矣此二

再補入上二層次

樂也抑壞世之多故也者紛徵一家之順而甄陶之術無以徧及乎羣材卽造就者少廢棄者多此爲誘掖爲獎勸師道之所以難言也而君子則鼓舞之不倦英豪悉荷其栽成提命之獨殷才俊羣棨其訓誨至是而毛裏骨月之歡欣因教思之廣被而彌形其快慰矣此三樂也君子有此三者之樂無論天子必有父諸侯必有兄君子之一樂致足樂也且俯仰而滋愧怍卽王者之寶天祖

將三樂粘在

（王天下上　妙絕）

對臣民也教育而盡英才即王者之謹庠序設鐘鼓也三者之樂

懋矣而謂王天下之樂猶與存焉也乎天寶聿登信屬非常之遇

然任眾予之責何以仰焉而不愧奉元后之尊何以俯焉而不怍

若予之王天下原不能舍天人之俯仰以為樂也則王天下又何

樂焉況乎父母兄弟倘無恙必不食潦凝門之勝剪桐示錫土之恩

而始以為樂哉九圍撫有殊為意外之遭然作君兼以作師未可

（不淡情王天下相宜）

英才以或章成我等諸姓我來可教育之有遺君子之王天下原

不能外英才之教育以為樂也則王天下又何樂焉況乎父母兄

弟閒豈必尊其親以君公之貴錫其類以玉牒之榮而後以為樂

孟子

哉。只知君子之樂。君子自有其樂。合門內之豫順而三樂全。王天下之樂。殊不足樂也。

帆從湘。轉杋到筆隨。斡補周旋。屢有官止神行之致。無經營慘淡之艱。顧蕙種

御不愧

今

仰不愧於　一節　林廷柱

君子有克己之學、俯仰皆可樂也、夫君子之身、天人交責之身也、不愧不怍、俯仰之間、安往而不樂哉、今夫父母兄弟間、此固天經之所由立、而人紀之所自出也、君子幸際其隆、而盡乎孝、盡乎弟、不誠合天經人紀而無憾哉、雖然、君子之樂、又有不專在遇而（合題如土委地）在己者、己之性、爲天所命、而不能全乎天道之本然、是上帝之所以生我者不偶、而我實棄且褻矣、愧孰甚焉、己之性、與人同具、而不能盡乎人道之當然、是聖賢之所以望我者匪輕、而我甘愚不肖矣、怍孰甚焉、愧之甚、非必臨之在上者、顯然有以相責也、而一

歲試莆田縣學一等四名

試牘

興化府

試牘

歲試莆田縣學一等四名　興化府

仰盼間自揣不堪以對天則返之中心其可憂者方大矣怍之甚
非必環吾左右者群然加其指摘也而一俯視間自念不堪以告
人則叩之此心其可憂者政多耳乃一旦而仰對乎天浩〻焉落
〻焉曰樂也問何以樂夫固從不愧中來也乃一旦而俯對乎人
手法自別
坦〻焉適〻焉曰樂也問何以樂夫固從不怍中來也蓋無敢戲
不愧不怍雙收道其所以然
豫無敢馳驅君子之事天者原在暗闇俱寂之先而言必忠信行
必篤敬君子之盡人者即在日用往來之際昊天明而及爾出王
昊天旦而及爾游衍君子不愧吾心之天即不愧在天之天而何
所入而不自得之一使民而如太祭之承一撫衆而抱勝子之懼君

子不怍對人之已即不怍對己之人而何所處而不泰然是故不怨不尤生平之素位履之皆坦夷則名教中自有樂地而不愧不怍一身之俯仰處之皆安舒則耳目前無非樂趣蓋至是而君子可自信曰二樂也而吾亦得為君子信曰二樂也夫樂在性分與樂在勢分其相去何如況乎君子之教澤又且徧及天下哉

能扶不愧怍之根捎合二樂亦如膠之粘木

仰不愧　林

仰不愧於　二句　　　　于學院月課興化林家棟次吟
府學一等三名

愧怍之不形也，反而皆誠矣。夫仰而愧，俯而怍，何以處天人間乎。不愧不怍，此則君子誠身之驗歟。今夫天有明命，人實同禀焉。君子以一身處其中，以存行已有耻之思，此其志量磊落于天下哉。顧宜用耻而茫無所用者，志之荒也；欲用耻而有不必用者，身之誠也。古來大聖大賢，旦明酬對，必求釋然而無憾，始足以驗真修之一日耳。試由君子之一樂進觀於天人間焉，從穆清寞漠之表，直探乎誕降之原，君子固不於形氣中見天，而於心性中見天矣。存養或有未純，即非所以為昭事之心，則惕焉負疚，初無待乎風雷之示警儆。

焉天字便透樂字根源　警策

紹聞堂

形生神發之儔研審乎賦畀之均君子固不於類聚中見人而於幽（鴻）
（人字又透樂守根源）
獨中見人矣指視若猶頻加即非所以為自慊之隱則赧焉內懸又
何俟于聲色之發微是故君子以奉若不違者全降衷之恒性以物
（補出工夫来）
則無虧者循懿好之秉彝合乎天盡乎人中存謹於未動時為仰時
為俯涉過持乎當幾不愧不怍其所由来歎上帝之鑒觀有赫矣臨
（古刻）
之在上質之在旁息之馳驅明威不假易愧孰甚哉惟君子祇承
（透宗語）（寔寫不愧天妙在筆）
有素所以與天合者畢肖乎於穆之不已則繼天之志述天之事
（力排暴）
窮天之神達天之化堪自信于仰觀時焉縱令其不敢褻者方恐懼
（渾浩大華）
而增脩然在不忘之衷天意固大可知耳同類之環伺甚衆矣無有

師保如臨父母念之息荒肺肝不及掩怍能免哉惟君子婷修在昔所以與人為徒者無拂乎性命之各正則踐人之形盡人之倫成（貼切不落影）人之道立人之極可相質于俯察中焉縱令其無敢慢者方怵惕而（响）彌禽洪行不以忘人情固堪共白于故不必多旋乾轉坤與震世（針對上天下說）駭俗之事業惟是隨時俯仰爾室默相無斁覆幬之中衆志交孚咸（焰註克己句講）証心源之合此豈可強而致之哉明從之憧擾既預絕其萌則來復以見天心存神以妙物感而愧怍不生固率其出入自得之常亦不僅高乾父坤母與民胞物與之度量襟此一身俯仰浩浩其天默契乎一元之貞復曠〻皆〻涓〻于萬物之得所此豈可遙而意之哉

引以致中和節作詳出理精詞確

非幾之冐貢既早樹其防則偏倚消而天以成位差謬寡而物亦並
育將愧怍胥忘適彼其身世咸宜之用以此思樂樂乎否耶

茂氣深息透得不愧不怍根源則樂字精神自出並王天下不與
全神俱現矣高文大筆龍蓋萬千　縣學許南溪老師
精神充叅氣象發皇天人二字妙有洗刷不愧不怍內確有工夫
有實際非由以本領深汁漿厚那能如此篤實而輝光耶　許振肅
會先儒之精微漱經籍之芳潤靜細在文心沉雄在筆力理障塵
悶不知歸于何有矣　宋宗尊

仰不愧　林

○○○仰不愧於　二句　　袁煒

克己之君子協天人而一之也、蓋天人之分雖殊、而理則一也、以是理而達于上下、君子何歉乎哉、孟子論真樂、而以在我者言之、蓋曰、理一而已矣、天之所以賦于人而我得之者此也、人之所以受于天而我同之者此也、自夫役于有我之私、則天人暌而志失通矣、物我暌而情弗類矣、無天無人無物無我、唯克己者能一之、是故仰而求之于天、天之載若是其神也、吾不能必其視聽明畏之何如、而難乎其為不愧矣、然君子不求天于天、而求天于理、理也者、天之在我者也、君子能無失其在我之天、而在天之天自不相違焉、心者天之神、吾

（烱註補克己一○曾意）

（直○遂○）

所以不惟

橡之而不舍也性者天之命吾順之而不害也形者天之塞吾踐之
而不虧也蓋不惟出性游衍之道後天而奉其時而潛孚默喻之誠
實先天而會其極矣是雖視聽明畏之不可以端求而理既在我則
以其貞一之道而律夫貞觀之天君子亦自信其造化之為徒而已
矣而于天也奚愧乎俯而求之于人〻情若是其渙也豈不能必其
喜怒愛憎之為何如而離乎其為不怍矣然君子不求人于人而求
人于理〻也者人之在我者也君子能無失其在我之人而在人之
人自不相悖焉同心則同得其所以為心人孰存而我孰亡也同
此性則同盡其所以為性人孰全而我孰偏也同此形則同踐其所

以為形人孰加焉我孰損也蓋不惟達之天下有以乎百慮之感而合之古今實足以汗曠世之通矣是雖喜怒愛憎之不能盡同而理既在我則以其至一之道而協諸至不一之情君子亦自信其大道之為公而已矣而千人也奚怍乎吁此君子之一樂也

存心養性踐形實見孟子得力處　陳百史

中間將心性形與天人相串絕無一字牽合

仰不愧　袁

仰不愧於　二節　　　　張觀海

已與人兼成而君子之樂大矣夫愧怍悉泯而教育有人此合人

己而兼成也君子樂何如哉今夫家庭樂事為數之莫必而亦遇（銳師直入遂破堅壘）

之偶有外此而我躬所自盡者何事所兼盡者何事成已成物孟

往往雜言之及觀君子而不禁恍然嘆曰君子之樂其尤有進焉

者姑試由一樂進言之造物生君子於人道斷續之會踐形盡（又擊樂孝）（說得）

性盡倫若子以聖賢之修而君子皇然矣無論蕩檢踰閑致滋愧

（知）怍之端即畢生謹凛以靡幾內省之不疚而或一念難質諸旦明

一事未免於指摘吾見俯仰之無以自適也君子無是也乾乾吾父（蹇蹇）

書院課筆　　下孟

而坤吾母唯天命之無以其惕於天之可一矣民吾胞而物吾
與佳人氣之克盡斯快然於人之無間矣雖當戒慎恐懼之下幾
再為排宕題神愈曜
幾乎有天糾於上人議於下之懼然而仰不愧矣然而俯不怍矣
而云胡不樂夫頂書而慕性天之學於簡編考古而識身心之旨
於賢哲得意忘言之頃猶不禁生其鼓舞而況乎踐形盡性已全
其蘊於俯仰之際也古之人蹤水自得簞瓢不改曠然於窮通得
服頭籠旋
喪之來者其斯境乎此君子之成已也二樂也造物生君子於羣
言昌熾之日守先待後實子君子以重遠之肩而君子惕然矣無
論委靡怠惰難施教育之方即翹然傑出而流於異學而不返以

致吾道以外多一畸士吾道之中少一真儒亦徒惜乎英才之匯易也君子無是也居仁由義賴英才而共肯易入斯快然於全體之有托矣崇王黜霸賴英才而共理易歘斯快然於大用之有傳

問答不見提挑正題而吃緊意以神寓出之

矣雖當裁成激勵之初兢兢乎有英華易露才思未斂之患然而得所教矣然而得所育矣而云胡不樂大尚友而詩書之餘不乏賢士驅車而欲邑之大亦多名流稽古居今之思猶不覺動其愛慕而況乎守先待後已裕其具於教育之堂也古之人傳道吾徒

照王天下

行道吾與淡然於富貴功名之際者其斯志乎此君子之成物也二樂也

講頭冐上嚴脫有吒師躍入道無留者之氣勢遂開兩扉直起直收而其中起伏變化以虛神運其精理雲裹帝城雙雲闕雨中春樹萬人家詠以贈之　李月階

仰不愧於天　一節

張學臺歲考莆田縣學二等　黃潾

況愧怍于心樂由君子自致矣夫人心與天人相流通也莫不樂于愧怍則莫樂于不愧不怍矣此君子自致之樂也且夫天倫樂事八不能與氣數爭獨其身所自致者始不免于克治之維艱潾乃至于瑕疵之盡泯斯其快然無憾之致亦可返心而自得之矣吾于父母兄弟外又得君子之樂于天人之際焉處乾父坤母之中一受其形而萬理以賦天之於我厚矣天厚我而我不克承天愧何如也愧則不樂矣居同胞同與之內身之所接而情與相孚人之於我親矣人親我而我不免負人怍何如也怍則不樂矣爲

閱歷語

牕課學試草　論語

瓏翠亭貳章　論語

君子而於天有愧乎哉曾君子而於人有怍乎哉朝夕之間惟兢
蔡焔
兢于省躬克己無一念而不畏天畏人斯無一事而不可對天對
首子語發揮
人蓋省克功至而私欲自消融也俯焉仰焉油然自得矣方寸之
地常惕惕于履薄臨深時時自覺其可愧可怍自時時不使有或
愧或怍蓋臨履念深而志行自完粹也天乎人乎坦然日用矣且
夫愧怍之端豈必在大哉幾微有歉于天而暗室屋漏常如帝鑒
之臨毫忽有歉于人而匹夫匹婦常有勝予之懼斯何如其踧踖
矣惟君子中懷可以無憾初不必撫心而自疑凡夫愧怍之來又
豈自外哉天不必我責而我之愧心內發即如鬼神之瞰于其旁

人未必我忘而我之怍忘內萌即有指閱之嚴于其側斯何如其憂患矣惟君子寤寐不禁怡然正不必事後而追悔樂哉君子乎悲天憫人未嘗不集于一念乃素位而行無入不得者祗此不愧不怍之本體窮居不損而大行不加樂哉君子乎怨天尤人久已不存于方寸乃其遯世无悶不見是而无悶者更有仰觀俯察之寘學用之則行而舍之則藏彼王天下者又何以易此樂乎此君子之二樂也

不愧不怍自有內省不疚工夫斛勘入微筆無滓泛末二比發渠寀斛用俱到卓有見解　洪求仲先生

鐵畫銀鈎金科玉律的是歸胡正派洪文仲
說理清醇措詞雅潔相其風格當在右贊元宰之間俛稼咸
採其精言可銘座右三代對此毛骨俱寒鍾白弘

仰不愧

科試二覆第一名 黃金度

仰不愧于　育之

道在已而樂者又可以公諸天下而作之師矣夫不愧不怍樂在已也而非教育英才則樂于已者又何以公諸天下哉嘗思王天下者德可配天道可宜人合天下之人才相與奔走而後先之者也而吾以為君子之樂不在是者則又於取之天人之際而徵驗亦已物之餘其情其境皆可舍位而原也一樂在父子兄弟此家庭之彝倫攸叙所以敦五教之原也而君子于此尤有任其責者矣吾聞孝子事天如事親則有其生我者又有其鸞我者此之弗務即無以為率性之由儒者視人如兄弟則有其親我者亦不其

借弟

粘上催有至理

同我者此之負咎又何以昭人極之軌天人之際君子所与而皇然也名山升中天可睹聞而吾心之天不在是夫惟求之吾心而無愧則踐形惟肖而天可仰承矣天之鑒觀下民蓋不惟求山川社稷之主而惟賴此先知先覺之宗也寧君子而不樂乎是（即伏下截）耶版籍與圖人可數登而吾性之人不在是夫惟求之吾性而弗作則盡已盡人而人可俯就矣人之環立以俟蓋不惟為聰明感之恒而惟為此同心同德之好也寧君子而弗樂乎斯耶雖然（即補即渡理法兼到）豈但已哉古之人事天養之中而天倫盡以無忝立人於仁義之途而人紀以肇修不惟成已之為而亦成物之道也

故得志而君行道得徒即不得志而師天下亦傳道而得吾與孰謂石子惟有樂於其家與身而不思所以教育天下之
（迴互天人清）
英才哉夫天下不足戀而天下之英才非輕吾昔問天而天許我
（英舒發）
若舉之民之秀傑亮俊而暴棄之使天責我而我無以謝其責也是天為先知先覺之宗者亦惟還有以知覺之可矣且王天下不自多而教育天下之英才非少吾夙對人而人與我若舉同人之才力聰明而鬱滯之使人憾我而我亦無由釋其憾也是其為同心同德之好者亦必薰陶其心德焉可矣蓋己物有同實々在寤寐而遂可準為訓行君子所以先有自致之實，天人無外內

任道非自足。而淑世尤其本懷。君子所以又有兼致之方。而

三樂備矣。何王天下之足云。

談理不入於腐用法不流於拘融會貫通幾幾乎合正嘉隆萬

擅其長矣

科試二 第十八名
覆上卷 陳鳳鸞

仰不愧於　育之

合俯仰以盡〻一皆吾心矣夫天人未信則已實不克何以
教天下乎不愧不怍將師道立而善人多矣故因二樂而併計之
今夫君子入而在家既極天倫之樂事矣然且慨焉以與範乎後
領可如有思者何哉蓋內之成已質對貴無慚於寸心外之成物
薰陶當無間于同志苟我未能自盡其性因不能使人各盡其性
也試進父母兄弟而更觀君子今夫君子固以身處前後之交為
天下之人才攸賴者也然而天生斯民厥有恒性〻生斯世宜踐
批導特見名警
厥形苟必陟郊壇始凜討越馭朽索方恐勝予則亦不擁南面之

尊遂不妨抱慚於俯仰乎且既已抱慚其於樂也又何取焉故
出樂字足云
盡道之君子未於他人間從違先於一身抱疚惡俯仰天人之間
而君子之樂在矣天所以化育萬物即吾之父母也君子視無形
以西銘作不愧註脚精甚
而〻無聲仰此高〻者宛然出入顧復之親而於焉體其受而歸
全歸於從而順令則愧心之消即慊心之境也而寧弗形其愉快
瞬之補俱巧
人亦同此教養即吾之兄弟也君子民吾胞而物吾與俯仰芸〻
者依然綽〻有裕之風而於焉立則俱立而知必遍知愛必兼愛
而成不獨成〻怍心〻去即〻忘之時也而何弗呈其悅豫天君
子之所樂如此斯可足乎已而無待于外矣然而窮神知化固當

此段逼出上題下半靈巧不可思議

極繼志述事、後無忝於所生而扶世翼教尤必為先知先覺之宗斯稽爾類之永錫豈君子獨可守此不愧不怍之身以與父母兄弟相酬酢而於天下之英概置不問哉吾見其教育也必以書得天下之英才為期矣文未喪於天將必有所寄之於才士而英華存焉文理涵其英于內官體呈其英于外此誠天之所篤生也君子啟之以知天而事天時雨之及遍四海而遙矣道未

英字特見光發

絕于人將必有所托之於才人而奇英出焉英氣縱未澤于中和而英采終不同于矯飾是誠人之所景仰也果于引進以盡人而長人陶鑄之工群小于有造矣當斯時也我、亦與育彼聞吾教

如流風迴雪

師吾所不愧於天而旦明有可質之素行師吾所不怍於人多影有自証之實脩游之膠宮登諸庠序所栢與慕義景從者皆千夫之後萬人之傑也然則北面而分君師之權彼得其民而與得

出三樂恰好

挽

以矣雖躋圖登貢亦何以易與樂耶故連而及之以畢三樂之

經籍紛紜觸手即暢故能藏去經營之迹而游行于理去之中亦何意曰雄且傑斯其似矣

仰不愧　陳

〇〇仰不愧於天 二節 潘美發 四十五名

君子善身以及世樂不異于天倫矣夫樂不獨在父母兄弟也而又可對天人而又能得英才二樂三樂更何如孟子若謂人生所不可必者在天而可自必者在人則夫天倫而外可樂之事方多而此身其大端斯世其大概矣然恆多感慨而莫釋者豈盡善身善世之無具乎夫亦其事在隱微之地其關在大道之傳欲求其勝任而愉快固自難也故當其家庭豪順我固樂有父母樂有兄弟而父母兄弟或方憂我之有遺行則我之自憂彌切也其損吾樂者奚似矣當夫門內翕和父母固樂有我兄弟亦樂有我

而父母兄弟而外或多憾我之無傳學則我之自憾滋深也其增
吾不樂者又莫似矣而君子則無歷此樂固與愧怍相反者也其
直者白之行文亦徹用折　處處以樂至先更起講
不樂于愧怍者之負疚而皇然不及則莫樂于無愧怍者之其適
而寬然有餘凡夫仰焉俯焉無所往而不舒其性與之天懷怍覺
雖獨之常安而大廷之可質也有不知樂之何從焉爾樂每與得
相因者也莫不樂于辟所得者之離索而于焉寡儔則莫樂于多
得人者之信從而羣焉相賞凡夫教焉育焉無所施而不愜其玉
成之至意絕無山川之修阻而風雨之離憂也言不知樂之何際
焉爾夫其弘獎人材所以及天下者固亦多術而約之亦不外此

天之一修亦不外此宜人之德則可知吾一身之俯仰即後起之
黄流將于此決從違焉而顧聽其隱微之多闕雖名滿天下有不
宗一日自安者而樂豈可以緣飾為哉即其戰兢自克所求安于
俯仰者豈以為人而濱之要期于同此敬天之修同此宜人之德
則可知吾數育之所及即天人之責方始于此有人量焉而苟困
于相遇之終疎雖遺積厥躬有不能一日自慰者而樂又豈可以
旦夕致哉吾故悉數之而與父母兄弟並稱三樂大誠有見于身
世之多故而勝任愉快者之不易易也人奈何舍此而別求所樂
耶

己卯鄉墨選　浙江

能定樂字發揮○無一語泛設○而措詞更極圓旋○

鄉不慍　[illegible]

既得失 先得

得地故 能證

仰不愧於 二句

薛應旂

君子於天人之際。一無所累於其心也。夫天人一理也。君子之心。則同與之為一矣。何有愧怍之累哉。孟子論君子之三樂。而有及於此。蓋謂天人之理。徹於上下。而其於人之一心。人雖不能盡其心。而愧怍生矣。君子何如而然樂耶。蓋其盡克己之功。而至於無己之可克。極侔造之妙。而至於無道之可名。仰焉而上。唯天為天也。而天之所以為天者。我其盡之矣。俯焉而下。唯人為貴也。而人之所以為人者。我其盡之矣。以己合天。而聰明之盡。直以侔乎造化。而夫不見其有餘。以人反己。而精神所會。直有以準乎古今。而已不見其不足。一心之中。上下同流。而浩然其自得。蓋不知天之為我。而我之為天也。聖賢同歸。而快然其自慊。

皇明文選 下孟 嘉靖乙未 百冊

清雲居雕

俯二 刻出 兩義 看痕

盖不知我之為人而人之為我也靜與天俱動與天游是其無愧也非待仰焉而始見也擬盛德之形容而唯天在上其路仰焉而無愧者乎何我非人何人非我是其無怍也非待俯焉而始見也狀至人之胷次而唯人在下其殆俯焉而無怍者乎由是觀之則君子之樂唯此可以自致而孟子言之真切若此其必有所得矣

此人字是亦不愧於天的人 夏官明

意象清空寫俯仰二字直覺窅然天界先生語衍之才其為真境語乃顯心手之間故不可測

仰不愧於天　二節　　薛觀光

樂其已所自致者、得人焉而樂在有傳矣、夫愧怍胥泯、已所自致
也、得人教育則已與俱傳耳、以視俱存無故、不同可樂乎、今夫君
○探○源○
子之樂原于性之也者皇之降民之秉而非有我得私也惟全其
○天○　○人○
本然者無忝所生而即無忝于所並生并全其同然者永錫爾類
○是○天○下○一○英○才
而更永錫于所出類則性之甚愜即為情之甚安矣試由一樂而
進推之天倫無憾于家庭是天之所厚幸也然視聽明畏難以端
打○通○消○息○
求苟此心未可與天知即何以為先覺之天民人紀無慚于門內
畏人之所爭羨也然喜怒哀樂不能盡同苟凡事未可對人言即

何以監卓然之人望蓋不愧不怍之難也君天下者天之子明明（將紹王天下說）赫赫（八窮不悴崇）有難忱之恐焉君子不必踐天位而能合天德則鑒觀在上仰之而天心克享也（將繹）夫積氣之天在天積理之天在我衾影中皆神明之所棲上帝而予懷也祇求我無可愧耳而泰然者何恬適如之隱天下者人之主愚夫愚婦有勝予之懼焉君子不必為人人上而已立人極則覬伺在下俯之而人心必歸也夫有形之人在人無形之人在己幽獨中皆廣衆之所集下民而祇若也但問己無可怍耳而坦然者何愉快如之是之謂二樂也夫有此二樂德以正大行以光明堪為模範也則作君無論而作師之責已歸頓

行無吾與傅無吾徒獨抱孤芳也則師道雖立而善人之多何望蓋天下英才又難得耳誠得而教育之可與者中行可裁者狂狷登堂而望非一鄉一國之選也而為之引導以開始涵養以保終（何等見地）則學術端而人心正直與我之不愧不怍者共喻此淵微其視造（對照上截在股首下截在股尾錯綜變化）士進士辨論于膠庠之內者殆更有加已前已見古人後又見來者陶冶所成非一人一時之澤也而由是近可為羽翼遠可為宗傳則持運會而續微言直偕我之不愧不怍者共垂諸千古其視見知聞知嗣統于伊耆之後者夫何多讓焉以云三樂不又為君子所有哉要之一心舒泰之樂更甚一世訓型之樂故二樂次于

一樂者此為盡己之性以造就後學而樂無異克己私而樂故三樂後乎二樂者此為盡人之性若徒曰王天下而已曾何足語此樂乎

對照王天下寫出性分之樂其氣雄邁其思沉摯何處着得一膚廓語積習語上下畧作鈎聯體勢亦緊　任又新先生

醇潔後肆大而非夸　門人陸汝龍識

仰不愧

仰不愧於　一節

福建宋道尊觀風　藍綿琛
漳浦一名

誠身之樂得於性者也盖天人無疚而俯仰之間快然矣以此思樂（直從孔顏樂處尋來卻妙在針對王天）樂豈自外致者哉盖嘗尋聖賢所樂之處何以簞瓢不改蔬水自得（下意）而超然於富且貴之外浩乎性天如此其泰也心境如此其廓如也只乎人乎尋味久之而乃於俯仰之間恍然有遇也曰此其為君子之樂乎則請得於一樂之外而進言之盖君子自有生以來承天之命備人之理仰有所奉而未嘗韋天之不及糾以自逸俯有所惕（是所以不愧怍之根）而未嘗韋人之不及知以自恣者也天心未復天性未完天命未達（縱理賢真實學問反勘愧怍）（造詣峭拔）皆為褻天夫昭昭之上有天冥冥之中亦有天吾不能見天於心又

何以見自心之天此所以清夜而常有愧悔也人事未盡人紀未脩

明心見性之談

人欲未淨皆為欺人夫廣衆之地有人幽獨之中亦有人吾不能以欺獨者欺人又安能以欺人者欺獨此所以反己而常多怍念也愧笑怍矣夫安所得樂之有君子以合天者証天曰明曰旦其於疚心

從不愧怍中說出樂字明透

之端已絕之早矣疚心之端絕則陷心之境闊坦蕩之致天之所獨為愉也君子以合人者証人正大光明其於危心之途已遊之坦矣危心之途既坦則慊心之地自寬陶泳之機人之所不能悉也盖人同此身反身皆有可樂而不愧不怍消獨得乎身之所從來仰取之

直溯到生初

洞見本原西銘道理爛熟胸中

天俯取之人乾吾父而坤吾母物吾與而民吾胞萬物皆備之我早

為窮達欣戚所不得而移且人同此生、幸生必無足樂而不愧不怍若并待此生之所從歸以天所付還之天以人所得還之人歸全而斃受存順而沒寧千古快足之神更為氣數陰陽所不得而賊君子之樂孰大於是乃世徒知王天下之可樂而不知君子之自有其樂吾未嘗夫王天下若亦曾有此仰不愧而俯不怍焉否耶

直窮到本後如讀文天祥正氣歌

昔程子受學於周子每令尋孔顏樂處所樂何事作此題正須如允惟究克己復禮不愧怍之根也意誠自慊存順沒寧不愧怍之實也識透道學語流血性卓乎先儒之言

仰不愧於　一節　藍綿琛

誠身之樂，得於性者也。蓋天人無疚，而俯仰之間快然矣。以此思樂，樂豈自外致者哉？孟子嘗尋聖賢所樂之處，何以簞瓢不改，疏水自得（直說孔顏樂處尋來卻妙旋針對子），而（天下）超然於富且貴之以浩乎性天如此，其常泰也；心境如此，此境一如也。天乎人乎，尋味久之，而乃於俯仰之間恍然有遇也。曰：此其為君子之樂乎？則請得於一樂之外而進言之。蓋君子自有生以來，承天之命，備人之理，仰有所奉，而未嘗辜天之不及，斜以自逸（是所以不愧怍之根），俯有所惕，而亦未嘗辜人之不及知以自恕者也。天心未復，天性未完，天命未達（從聖賢真實學問反勘愧怍），一旦為彝天，夫昭昭之上有天，冥冥之中亦有天，吾不能見天於心，又（透語增拔）

石溪藏稿　孟子

何以見自心之天此所以清夜而常有愧悔也人事未盡人紀未脩

（明心見性之學）

人欲未淨皆為欺人夫廣衆之地有人幽獨之中亦有人吾不能以

欺獨者欺人又安能以欺人者欺獨此所以反己而常多怍今也愧

矣怍矣夫安所得樂之有君子以合天者証天曰明曰旦其於疚心

（從不愧怍中現出樂字明透）

之端已絕之早矣疚心之端絕則陶心之境開坦蕩之致天之所獨

為喻也君子以合人者証人正大光明其於危心之途已遊之坦矣

危心之途既坦則慊心之地自寬陶泳之機人之所不能悉也蓋人

（立溯羊初）

同此身反身皆有可樂而不愧不怍者獨得乎身之所從來仰取之

（洞見本原而銘道理爛熟胸中）

天俯取之人乾吾父而坤吾母物吾與而民吾胞萬物皆備之我乎

為窮達欣戚所不得而移直人同此生幸生必無生樂而不愧不怍者并得此生之所從來以天所付還之天以人所得還之人歸全而體受存順而沒寧千古快足之神更為氣數陰陽所不得而賊一君子之樂孰大於是乃世知王天下之可樂而不知君子之自有其樂吾未審夫王天下者亦曾有此仰不愧而俯不怍焉否耶

貞○窮○剝○身

知○讀○文○天○祥○正○氣○歌○

昔程子受學於周子每令尋孔顏樂處所樂何事今此題正須知此推究克己復禮不愧怍之根也意誠自慊存順沒寧不愧怍之實也

詞透道學語流血性卓乎先儒之言

自行束脩以上

康熙庚辰　王涵

聖人幸人之來學而不禁心焉數之也夫自束脩以上皆相見之禮也夫子於行之者歷遡之亦謂人不來學斯無幸焉耳若曰吾嘗思夫學問之際已所不足者即當求之於人而欲有求於人者即當示人以求之之意此非特其分所宜爾也蓋人之所以應人之求者其勢不能于不欲求者強之使求即其欲有所求者亦正不能懸揣其意而竟無待于人之進而求之也止自設教以來人之進而求之者多矣多則賢否雜進其間或易致遺忘而歎然于追遠之餘者庸有之乎即人所以示其求之之意者亦不一矣不

（使、取、行、來、嘗、意、）（三句自下句）（然○備○折○出○）（精細無○約一層遺）（批本句云○股開）

本朝八題文清華集　　論語

自行束脩以上（論語）　王涵

一則厥薄雜投其中或不無偶忽而難概諸弟子之列者又有之（以下闕）（原評自字以上寫是層數）乎而止也由今思之闕人雖衆若久久之而猶可歷指計者意之所（六句）（合句是梁柱之詞）矜靡有不往來于儀也禮遇雖殊及事後而要可大概舉其事之所同故不妨約略其數也故止自三十餘即退而修詩書禮樂弟子彌衆至自遠方來今日而四方之士居吾門者有之其不及門者亦有之則與止朝夕亟見者有之以至一見而不復總見者亦有之（語氣有得渾然）而綜而計之大約自東修以上其人之殷然以行者蓋不可勝數也或者曰依附成風恒多借援以自重而人之以禮謂吾徒者有好學亦或有沽名然亦猶知沽名者也假使其人而趨向不

（原評精遒下一邊覺遍下來寄絲三字方醒）

併甚且厭薄為無用將并求其有沽名之意而不可得也或者曰
妙○仍○收○轉○行○字○意
勤修罔懈每為吾黨之所難而人之虛懷以向道者有終身依之
亦或有一時慕之然亦猶能一時者也假使其人而匪僻自安初
原○評○兩○意
不樂親乎長者將并求其有一時之慕而不可得也且夫學不可
適○換○作○三○層
未○嘗○無○誨○汗○于○鄉○已
以一時已也而其動于一時者此正有生之秉彝猶未盡亡于乎
且而好惡之良可以擴而充學不可以沽名為也而其所以沽名
透○出
者此正先王之教化猶未遽息于末流而道義之氣可以鼓而動
理○更○足○意○更○圓○恰○好○絕○到○未○嘗○無○三○字
而況其人之未必果出於沽名果出于一時者哉是故人不來學
學者之咎也人既來學教者之責也謂有來學而或儌于誨之者

吾自討生平殆無此也○
就自以上函下未嘗無誨神理○目送手揮○邈然意遠○此以上
下半篇分看前半先開後闔步驟委蛇以完題句或者曰以下○
數層疊換為自以上起義却都已透入未嘗無誨骨子迴旋起
伏春蠶吐絲山川出雲層層密密細心人自能領之○原起數
層轉折本大註不知來學一句生來乃于未嘗無意如秋隼之
盤空○

自行束　王

○○自行束修以　一節

陳際泰

聖人自明其誨人之心而淑人殷矣蓋心於淑人者惟恐教之無端也有是哉聖人誨人之心乎夫子意謂受天爲性皆人之所同而禮此意以愛人又何能以恕然乎由是言之人可誨我拒而絶之是負人也於人之未識有所闇淡而不知人可誨我靳而惜之是併負己也於己之量有所虧損而不全我自計生平殆無是也有能自行束修以上者乎而吾有不誨焉者乎禮以儀心亦猶行古之道也而豈以薄爲嫌道以通物亦懷猶爲之恥也而豈以情自匿遏人則誨本吾素心而何必兢兢於此也然而分所不屬然以儕踰爲嫌耳吾汝

天下非必有要重之心吾以遂吾事焉其意可知不可言直欲得所藉手以遂其無所隱諱之懷而已矣盡人而誨自吾未懷而何必區區於此也然而趨所不同或復詆訾可恨耳吾於天下非必有邀求之心吾以驗其誠焉其事在此不在彼直欲觀其識趣以行吾所為鼓舞之術而已矣是故天下之人不能以禮謂吾徒而來者吾姑置焉非為其無禮也此心之悲憫更甚而阻於勢之無可施天下之人有能以禮謂吾徒而來者吾亟收焉非為其有禮也此中之快慰良殷而繫於願之無所鬱蓋物雖同性而氣稟之際亦自不齊教之者欲人之有一也人無賢愚吾皆可以通其所趨雖同歸而身世之間

何能無異畧之者。亦欲人之有一也。識無學薄。吾特借以轉其機。是我之生平而已矣。謂有負人之事乎。謂有負己之事乎。

端莊雜流麗。剛健含婀娜。東坡先生書法也。大士乃得之以為文顧于方。

專發下句。是誨人不倦題文也。於上句寫得有情。乃不可判置別處。武體不堪取。此文正以此老更有大文字在耳

自行束　陳

自楚之滕踵門而告文公曰　清雋集　張桂星

為間滕者原所自、觀其告而楚謀著矣、夫楚不遠許行、許行不
敢之滕、並不敢踵門而告文公也、間誠自楚來哉、且國有人焉
敵之患也、於是乎用間、於是乎投吾所好以進其間、好在色則
以色間之、故彼婦之口可以出走、如齊之間魯女樂以歸季桓
是好在士則以士間之、故不遠之客突如其來、如楚之間滕踵
門而告文公、是不然、許行為神農之言以之滕、直書之滕可矣
胡為原其所自、特書曰自楚哉、書自楚言間之來、發難自楚也
楚胡為間滕、以文公嘗之楚過宋、一見楚人、知而忌之也、書踵
門何踵之云者、言文公非舉闢門之典、許行不過門外之人、無

端至前甚可異也文公於此將下逐客令乎嚴誹政棊乎抑箝遊士口而不使前乎是可以觀文公且夫文公嘗謀事楚矣築斯城鑿斯池誰進此謀於楚大不利焉楚人遣許行曰吾聞文公有高世主之風汝以神農之言告焉五帝軼三皇吾知其必有合也但君門萬里既無援引之階門左千人復乏先容之路縱使借途左右捷徑夤緣而主井地之畢戰阻之閒喪禮之然友又阻之二人在何益吾恐汝掉三寸舌抵掌滕廷不得其門而告即告矣或麾之門外告不得盡其詞或閉門不納告不能達其說雖欲聞滕烏得而聞滕許行進曰否否藉夤緣為援引其術拙也借左右以先容其途紆也有文公在吾直踵門告之獨是告文公非易易耳使以危言告曰楚人慫君君無以迂儒